Aylin Lenbet

Lotta in der Kita

Fröhlich durch die Kindergartenzeit

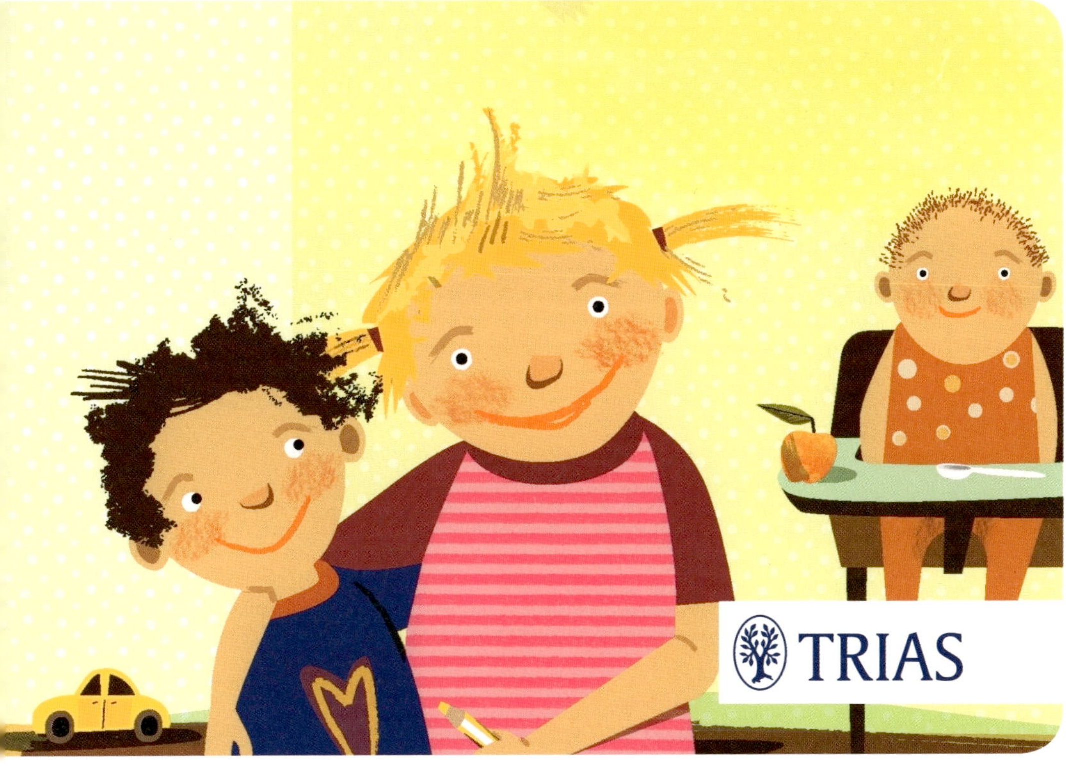

TRIAS

Lese Ecke

Liebe Eltern,

als klar war, dass unsere Tochter Selma in eine Kita gehen soll, weil ich vorhatte, mein Arbeitspensum wieder zu erhöhen und wir den Großeltern nicht noch mehr Stunden mit einem quirligen Kleinkind zumuten wollten, hatten wir nicht wirklich eine Vorstellung davon, was die Kita uns und unserem Kind eigentlich außer der Aufbewahrung bieten soll. Ich erinnere mich noch sehr gut an das erste Gespräch in dem Kinderladen, für den wir uns schließlich auch entschieden haben. Da fragte mich die Erzieherin, was mir persönlich an einer Kita besonders wichtig sei. Irgendwie berührte mich die Frage und mir fiel nur eines ein: Mein Kind soll sich dort wohlfühlen.

Nach sechs Jahren Kita-Erfahrung mit zwei Kindern in verschiedenen Einrichtungen weiß ich heute, dass meine spontane Antwort von damals wahrscheinlich gar nicht so naiv war, wie ich erst dachte. Denn nur wenn ein Kind sich wirklich wohlfühlt, kann es sich auch optimal entwickeln.

Was braucht Ihr Kind, um sich in der Kita Tag für Tag, von der Eingewöhnung bis zum Abschied, rundum wohlzufühlen? Lotta und ihre Eltern werden Ihnen bestimmt hilfreiche Anregungen geben!

Berlin, Frühjahr 2014
Aylin Lenbet

Mama geht arbeiten – und wohin mit Lotta?

Während Sie arbeiten, soll Ihr Kind optimal betreut werden. Aber was bedeutet eigentlich »optimal« für Sie und Ihr Kind? Betreuung ist schließlich auch Typsache.

Welche Betreuung darf's denn sein?

Ein schönes Außengelände, helle Räume, kleine Gruppen und vor allem: gut ausgebildete, liebevolle Erzieher mit Spaß an der Arbeit und davon drei pro Gruppe.

Ist diese Kita dann auch noch um die Ecke, so sind sich bestimmt 99 % der Eltern, die ihr Kind in einer Kita unterbringen möchten, einig, dass sich das ziemlich ideal anhört. Doch wie das immer so ist mit den idealen Dingen (Wohnungen, Jobs, Partner etc.) – wenn sie denn überhaupt real existieren, dann sind sie in der Regel gerade nicht zu haben. Oder sie sind gar nicht so ideal, wie sie auf den ersten Blick erscheinen. Ich denke da an die erste Kita, die ich mir damals angeschaut hatte, als wir auf der Suche nach einer Betreuung für unsere erste Tochter waren. Sie schien perfekt zu sein. Ich lief immer wieder an der Kita mit dem wunderschönen Garten vorbei und schaute den Kindern beim Spielen zu. Auch die Darstellung im Internet war 1a. Als ich dann ein Gespräch mit der Kita-Leiterin und einer Erzieherin hatte und ich im Anschluss einen Blick auf das Kita-Treiben werfen konnte und die Atmosphäre zu spüren bekam, trat die Ernüchterung schnell ein. In Punkto »liebevolle Erzieher mit Spaß an der Arbeit« stimmte die Kita mit dem Idealbild dann doch kaum überein. Natürlich wollen wir unserem Kind wenn schon nicht die ideale, dann zumindest die bestmögliche Betreuung zukommen lassen. Ist sowieso schon schwer genug, sein Kleines in fremde Hände zu geben.

zu vergessen, das Kriterium mit dem wahrscheinlich höchsten Einfluss auf Ihre Kita-Zufriedenheit: die Persönlichkeiten, die in der Kita arbeiten – allen voran die Erzieher, die Menschen, die Ihr Kind unter der Woche oft mehr zu Gesicht bekommen als Sie selbst. Trotzdem unterschreiben viele Eltern den Vertrag mit der Kita, ohne dass sie die zukünftigen Erzieher ihres Kindes persönlich kennengelernt haben.

Die Suche geht los

Kitas unterscheiden sich voneinander – und zwar nicht unerheblich. Es gibt gute und schlechte, aber auch unter den guten gibt es solche, die ihren persönlichen Anforderungen besser oder weniger gerecht werden. Die Philosophien (auch pädagogische Konzepte genannt) der Einrichtungen unterscheiden sich, das erwartete Engagement der Eltern, die Größe und Ausstattung der Räumlichkeiten, organisatorische Abläufe und Gegebenheiten (z. B. Betreuungszeiten und der Betreuungsschlüssel), das Essen, die Entfernung zum Wohnort, der Preis … Und nicht

Genau hinsehen und bewusst entscheiden

Vielleicht denken Sie jetzt, dass Sie schon froh wären, wenn Sie überhaupt eine Betreuung für Ihr Kind bekommen würden. Auch den Eltern von Lotta, Katrin und Christian, geht es gerade ähnlich, wie Sie gleich lesen werden. In einigen Regionen Deutschlands können sich Eltern glücklich schätzen, wenn ihr Kind überhaupt einen Kita-Platz ergattert. Da kann man sich nicht groß erlauben, wählerisch zu sein. Doch wenn Sie eine Wahl haben (und meistens haben sie zumindest eine kleine), dann nehmen Sie nicht die nächstbeste Kita aus Angst, dass Sie nichts anderes bekommen, und treffen Sie Ihre Entscheidung bewusst! Es lohnt sich!

Katrin plant Lottas Betreuung

Katrin denkt immer häufiger daran, dass sie sich jetzt unbedingt um eine Betreuung für Lotta kümmern muss. Schließlich will sie in einem knappen Jahr wieder in ihren Job zurückkehren …

Katrin hat sich sogar schon während der Schwangerschaft bei den Kitas im Umkreis umgehört. Entweder wurde ihr gesagt, dass sie wiederkommen soll, wenn das Kind da ist, oder die Plätze seien für die nächsten zwei Jahre wegen der Geschwisterkinder oder langer Wartelisten eh schon belegt.

Und dann ist da noch ein ganz anderes Problem, das Katrin nicht bedacht hatte. Lotta ist im April geboren. Das heißt, nach Katrins Plan soll Lotta im April oder Mai nächsten Jahres mit der Kita starten. Nur nehmen die meisten Kitas Kinder nicht während eines Kita-Jahres auf, sondern nur am Anfang, also im August bzw. September! Selbst bei den Tagesmüttern, bei denen sie nachgefragt hat, ist das so.

Christian mauert, Katrin gibt nicht auf

Am Abend sitzen Katrin und Christian mit der schlafenden Lotta auf dem Bauch auf dem Sofa. Katrin geht das Kita-Thema nicht aus dem Kopf: »Vielleicht können wir ja die Zeit bis August überbrücken, indem du von Mai bis September Elternzeit nimmst. Ich finde den Gedanken eigentlich ganz gut, dass Lotta erst dann in die Kita kommt, wenn sie gut laufen kann und schon ein paar Worte spricht.«

Christian schaut Katrin verwundert an: »Du weißt doch, dass das bei uns in der Firma nicht zu machen ist. Und dann auch noch fünf Monate – das geht gar nicht. Und wie sollen wir das überhaupt finanziell hinbekommen?« Katrin meint: »Finanziell wäre das kein Problem – das habe ich schon durchgerechnet. Zwei Monate bekommst du Elterngeld und ich könnte in der Zeit, wo du Elternzeit hast, eben Vollzeit arbeiten. Das würden wir hinbekommen. Oder willst du vielleicht gar keine Elternzeit nehmen?« »So ein Quatsch!«, entgegnet Christian, »natürlich würde ich gerne Elternzeit nehmen. Aber du weißt ja, wie meine Chefs ticken! Als Uli seine Arbeitszeit reduzieren wollte, gab's ein klares Nein. Und außer Heike ist bisher niemand in Elternzeit gegangen.«

Kompromiss in Sicht

Die nächsten Tage spaziert Katrin mit Lotta im Tragetuch von Kita zu Kita. Lotta steht nun bei fünf Einrichtungen auf der Warteliste. Ein paar Tage vergehen, bis Christian beim Abendessen das Thema wieder aufgreift: »Ich habe mir das mit der Elternzeit überlegt. Ich werde das machen, aber mehr als drei Monate gehen auf keinen Fall.« Katrin freut sich: »Das ist doch schon einmal super! Ich verlängere meine Elternzeit um zwei Monate und bespreche das mit der Vollzeit ganz bald mit meinen Chefs!«

Vertrauen und Feinfühligkeit müssen sein

Kinder unterscheiden sich voneinander. Daher unterscheidet sich mitunter auch stark, in welcher Art von Kita sich ein Kind gut aufgehoben fühlt. Doch es gibt zwei Voraussetzungen, die für alle Kinder wichtig sind und die alle Kinder in ihrer Kita tagtäglich erleben sollten. Das eine ist Vertrauen und das andere sind Feinfühligkeit und Präsenz der Betreuer.

Nichtelterliche Betreuung (im Übrigen eine Praxis, die in etwa genauso alt ist wie der Mensch) bedeutete früher, also vor 100 000, 10 000, 1000 und in der Regel auch noch vor 100 Jahren, immer, dass bekannte, vertraute Personen auf das Kind aufpassten. Personen, die das Kind seit seiner Geburt kannten und die es auch von seiner Geburt an mitbetreuten.

Kinder können Vertrauen fassen
Die Betreuung fand im vertrauten Umfeld statt. Die Kinder wurden nicht irgendwohin gebracht, sondern sie konnten einfach zu Hause, im Dorf, im Lager etc. bleiben. Arbeits- und Wohnort waren nicht weit voneinander entfernt oder sie waren sogar eins.

Heute sieht die Welt anders aus
Aus Mangel an verfügbarer bzw. einsatzwilliger Verwandt-, Freund- oder Nachbarschaft gehen unsere Kinder in die Kita oder zur Tagesmutter. Sie werden an einem (zunächst) fremden Ort von (zunächst) fremden Menschen betreut. Für Kinder ist dieser Umstand höchst gewöhnungsbedürftig. Denn ohne Vertrauen, d.h. ohne mit seiner betreuenden Person und dem Umfeld wirklich vertraut zu sein fühlt sich ein Kind in Abwesenheit seiner Eltern hochgradig gestresst. Das Menschenkind ist allerdings von Geburt an in der Lage, sich an fremde Personen zu gewöhnen und Vertrauen zu ihnen zu fassen. Zum Glück – sonst hätte es der Mensch gar nicht geschafft, seinen betreuungsintensiven Nachwuchs durchzubringen.

Feinfühligkeit und Präsenz = Betreuungsqualität
Und hier kommen wir auf die nächste wichtige Voraussetzung für den Kita-Besuch, die »Qualität der Betreu-

ung«. Eigentlich ist sie sogar die Voraussetzung der ersten Voraussetzung, also die Voraussetzung dafür, dass Vertrauen entstehen kann. Damit sich eine neue stabile und tragfähige Beziehung entwickeln kann, braucht es Zeit. Und es braucht auch Zeit, diese entstandene Beziehung zu pflegen. Das bedeutet wiederum, dass Kitas ausreichend Personal bzw. einen guten Betreuungsschlüssel (d. h. wie viele Kinder kommen auf einen Erzieher) bieten müssen. Der allgemein empfohlene Betreuungsschlüssel für Kleinkinder liegt bei drei Kindern pro pädagogische Vollzeitkraft (bei fünf bis sechs Kindern pro Erzieher bewegt sich dann allerdings häufig die Realität).

Ganz Kleine brauchen aufmerksame Erzieher

Doch zur Verfügung stehende Zeit allein macht noch keine echte Betreuungsqualität aus. Was nutzt eine 1-zu-1-Betreuung, wenn der Betreuende nicht einfühlsam und unaufmerksam ist? Ein Erzieher muss also feinfühlig sein, d. h. er muss die Bedürfnisse eines Kindes erkennen und sie richtig deuten. Und er muss neben seiner körperlichen Präsenz auch geistig anwesend sein. Zwar macht eine gute Ausbildung aus einem weniger begabten Erzieheranwärter noch keinen echten Kinderversteher, aber sie trägt immerhin dazu bei, Kinder zumindest besser zu verstehen und auf sie adäquat eingehen zu können.

Die Fähigkeit der Pädagogen und der Betreuungsschlüssel sind mit Abstand die wichtigsten Kriterien, wenn man die Betreuungsqualität einer Kita oder einer Tagespflege vor allem für die ganz Kleinen beurteilen möchte! Ab dem Kindergartenalter – also ungefähr ab dem dritten Lebensjahr – nimmt dann nach und nach auch die Bedeutung anderer Kriterien wie Raum, Spielmaterialien, Kindergruppe, Aktivitäten etc. zu. Das zu dem, was alle Kinder gemeinsam haben – nun kommen wir zu den Unterschieden.

Was für ein Typ ist mein Kind?

Haben Sie einen kleinen Draufgänger zu Hause, dem jeder neuer Reiz gelegen kommt, oder eher so einen in sich ruhenden Mini-Buddha, der sich ausgiebig mit einem Spielzeug beschäftigt und auf Störungen eigentlich kaum reagiert? Je älter Kinder werden, desto deutlicher zeigen sich im direkten Vergleich die Unterschiede in den Charakteren. Aber schon bei Babys kann man häufig erkennen, wo die Reise hingeht. Manche Babys mögen es ruhig und brauchen Regelmäßigkeiten. Manche lieben es, wenn möglichst viel los ist und sie mitten im Geschehen stecken. Schauen Sie sich Ihr Kind genau an – welche speziellen Bedürfnisse hat Ihr Kind? Was braucht Ihr Kind, damit es sich in der Kita wohlfühlt?

Kinder-Charaktere

Ich möchte Ihnen ein Typenmodell in Anlehnung an die Kinder-Typologie von Christine Kaniak-Urban vorstellen. Es soll Ihnen erleichtern, Ihr eigenes Kind einzuschätzen. Es ist nur ein Modell, also bestimmt nicht allwissend. Aber es zeigt anschaulich vier Kinder-Charaktere, wie sie typischerweise auftreten mit ihren besonderen Eigenheiten und Motiven, und gibt wertvolle Hinweise, in welcher Art von Betreuung ein Kind gut aufgehoben ist. Meistens gelingt es ganz gut, sein Kind einem dieser vier Typen zuzuordnen.

Wir-Experten und Ich-Experten

Kaniak-Urban unterscheidet bei ihrer Kindertypologie in die Wir-Experten und die Ich-Experten. Also diejenigen, die einen starken Wunsch nach Zugehörigkeit und Verbundenheit verspüren und viel Liebe und Anerkennung brauchen. Und diejenigen, denen Unabhängigkeit und Freiheit alles bedeutet und die sich durch zu viel Nähe bedrängt und überfordert fühlen.

Die vier Kinder-Typen
(in Anlehnung an das Typenmodell von Kaniak-Urban)

	die Intuitiven	die Besonnenen
die Wir-Experten	das Seelchen-Kind	das Pflicht-Kind
die Ich-Experten	das Abenteuer-Kind	das Schlaukopf-Kind

Diese beiden Expertengruppen werden dann nochmals unterteilt in diejenigen, die sich eher von ihrem Verstand leiten lassen und denen Struktur und Ordnung wichtig sind, und in diejenigen, die stärker ihrer Intuition folgen und die Spontaneität und Kreativität schätzen. Ich nenne sie die Besonnenen und die Intuitiven. Auf diese Weise ergeben sich die folgenden vier Kindertypen: das Seelchen-Kind, das Pflicht-Kind, das Abenteuer-Kind und das Schlaukopf-Kind.

Und wenn Sie Ihr Kind in keinem der vier Typen oder nur ansatzweise wiederfinden, ziehen Sie sich aus den vier Typen einfach die Eigenarten raus, die Ihr Kind am besten beschreiben, und versuchen Sie, daraus Ihre eigene Empfehlung für die Kita zusammenzustellen. Wichtig ist, dass Sie sich überhaupt darüber Gedanken machen, wie eine Betreuung aussehen könnte, die zu Ihrem Kind passt.

Das Seelchen-Kind

Seelchen-Kinder sind beliebt bei ihren Altersgenossen – sie haben meist sehr gute sprachliche Fähigkeiten, sind ausgesprochen begeisterungsfähig und stecken voller Ideen. Sie bekommen jede Stimmungsschwankung mit, sind äußerst mitfühlend, immer für ihre Lieben da und ausgesprochen großzügig. Ihre Einfühlsamkeit entspringt ihrem sensiblen Wesen. Für ihr Wohlbefinden brauchen sie dringend die Nähe zu anderen. Es sind die Kinder, die auf andere zugehen, sich auf die unterschiedlichsten Menschen einlassen können und überall mitmischen. Sie wollen dazugehören und gesehen werden. Harmonie ist dem Seelchen-Kind wichtig.

Anerkennung und Wertschätzung Ihre Begeisterungsfähigkeit und ihr ausgeprägtes Verlangen nach Anerkennung und Wertschätzung können dazu führen, dass sie eine Person, die ihnen gefällt und ihnen die ersehnte Aufmerksamkeit schenkt, regelrecht anhimmeln. Überhaupt lassen sich Seelchen-Kinder von ihren Gefühlen leiten und geben sich auch gerne Tagträumen hin. Insgesamt kann man sagen, dass das Seelchen-Kind – wenn es sich sicher und gut aufgehoben fühlt – eher unkompliziert ist. In Stress-Situationen jedoch verstärkt sich der Wunsch nach Kontakt und das Seelchen-Kind fängt an zu klammern. Fühlt es sich nicht wohl, lebt ein Seelchen-Kind seine Launen voll und ganz aus.

Was ein Seelchen braucht Besonders in der Eingewöhnungsphase, aber auch darüber hinaus, ist es wichtig, dass ein Seelchen-Kind immer wieder die ungeteilte Aufmerksamkeit in der Kita bekommt. Denn Stress bedeutet, dass man einem Seelchen-Kind noch mehr Aufmerksamkeit schenken muss – das gilt für die Erzieher wie auch für Sie als Eltern. Seine schlechten Stimmungen sollte man möglichst gelassen hinnehmen und sich ihm aktiv zu- und nicht abwenden. Um wieder zur Ruhe zu kommen, braucht ein Seelchen-Kind die Möglichkeit, sich zurückzuziehen. Oft muss es dabei unterstützt werden. Struktur und vorgegebene Abläufe braucht ein Seelchen-Kind weniger. Im Zweifel stören die eher dabei, seiner Kreativität, seinen Ideen und seinen Tagträumen freien Lauf zu lassen. Den Halt bekommt es in erster Linie durch seine Bezugspersonen.

Das Pflicht-Kind

Das Pflicht-Kind ist ein Perfektionist. Ihm ist es wichtig, Dinge sehr gut zu machen, und es legt sich beim Lernen besonders ins Zeug. Wie dem Seelchen-Kind sind auch dem Pflicht-Kind Nähe und Verbundenheit sehr wichtig. Anders als das Seelchen-Kind stellt das Pflicht-Kind die aber nicht durch seine Kreativität und offene, mitreißende Art her, sondern dadurch, dass es die Erwartungen der anderen erfüllt.

Es will Dinge gut machen Das Pflicht-Kind macht sich gerne nützlich, ist meist praktisch veranlagt, geduldig und ordentlich. Es übernimmt schon früh gerne Verantwortung und liebt es, mit anderen zusammen Aufgaben zu bewältigen. Ihm ist es nicht wichtig, besser als die anderen zu sein, sondern will die Dinge gut und richtig machen, um Anerkennung und Lob zu bekommen und um den Erwartungen zu entsprechen. Je größer die Anerkennung, desto größer sein Einsatz. Wenn etwas nicht so klappt, wie es sich das Pflicht-Kind vorgestellt hat, entwickelt es Selbstzweifel und ist sehr unglücklich. Ein Pflicht-Kind handelt nicht intuitiv, sondern sammelt Fakten, um sich sicher zu fühlen und nichts falsch zu machen. Es ist äußerst zuverlässig und hält sich von allen Kindern am meisten an Abmachungen. Pflicht-Kinder sind die braven, die lieben Kinder.

Was ein Pflicht-Kind braucht Unter Stress passen sich Pflicht-Kinder oft noch mehr an – ob es ihnen dabei gut geht, sieht man dann nicht unbedingt. Gerade in der Kita-Eingewöhnungsphase muss man es ganz genau beobachten, um zu erkennen, wie es ihm mit der neuen Situation tatsächlich geht. Bei Pflicht-Kindern sollte man sowieso aufpassen, ihnen nicht zu viel zuzumuten. Zeigen Sie Ihrem Pflicht-Kind immer wieder, dass es einfach so geliebt wird – ohne etwas dafür tun oder können zu müssen. Ansonsten sind dem Pflicht-Kind Strukturen und Rituale wichtig. So gesehen ist es von Vorteil, eine Einrichtung zu wählen, die ausgeprägte Strukturen und klare Abläufe bietet.

Das Abenteuer-Kind

Das Abenteuer-Kind liebt Unbekanntes und Spannendes und ist immer auf der Suche nach neuen Erfahrungen und Herausforderungen. Es ist unternehmungslustig und mag es nicht, still zu sitzen und schon gar nicht das zu machen, was andere sagen. Ein Abenteuer-Kind ist mutig und will herausfinden, wo seine Grenzen sind oder – noch besser – es möchte sie überwinden.

Und es handelt gerne, bevor es denkt. Abenteuer-Kinder haben schon früh ihren eigenen Kopf und wollen Dinge so machen, wie sie es für richtig halten. Sie nutzen gerne ihre Sinne – sie beschnüffeln, betasten, beobachten und schlecken alles ab, was ihr Interesse weckt. Überall entdecken sie spannende Fundstücke am Wegesrand.

Noch mehr Spaß in der Gruppe Ein Abenteuer-Kind ist gerne mit anderen zusammen – wegen des Erlebniswertes, den eine Gruppe bietet. Es möchte in der Gruppe der Bestimmer sein – nicht wegen der Anerkennung, sondern weil diese Rolle eine Herausforderung ist. Wenn nichts Aufregendes ansteht, ist das Abenteuer-Kind innerlich angespannt. Insgesamt ist es eher ungeduldig, will immer gleich loslegen und mag es nicht, sich mit Dingen lange auseinanderzusetzen. Vieles fängt es mit Begeisterung an und lässt es dann, weil es schnell langweilig wird.

Was ein Abenteurer braucht Ein Abenteuer-Kind braucht Freiräume und viel Auslauf – das gilt auch für die Kita. Starre Strukturen und Routinen passen nicht zu ihm. Ihm tut es gut, nicht zu viel Entertainment angeboten zu bekommen, denn so lernt es, kurzfristig Langeweile auszuhalten und die als Antrieb zu nutzen, sich selbst eine spannende Beschäftigung zu suchen. Eine Kita, die viel Freispiel, großzügigen Raum und kreatives Beschäftigungsmaterial bietet, ist daher genau das Richtige für ein Abenteuer-Kind.

Das Schlaukopf-Kind

Ein Schlaukopf interessiert sich für alles. Es hinterfragt die Dinge, will Zusammenhänge verstehen und langweilt sich schnell, wenn es keinen Input erhält. Wiederholungen sind ihm zuwider. Ist ihm mal etwas nicht klar, bleibt er hartnäckig, bis er eine einleuchtende Erklärung für seine Fragestellung erhält. Er hat schon früh große Freude an Systematik und sammelt – auch anders als das Abenteuer-Kind – nicht das, was ihm am Wegrand begegnet, sondern ausschließlich gezielt ausgewählte Stücke.

Er redet wie ein Erwachsener Oft erkennt man einen Schlaukopf daran, dass er redet wie ein Erwachsener. Er belehrt gerne und stört sich überhaupt nicht daran, wenn er die anderen langweilt. Den Schlaukopf interessiert es nicht groß, was die anderen von ihm denken. Nur das eigene Urteil zählt. Oft mag er auch einfach nur seine Ruhe haben, tüftelt dann vor sich hin und ist für andere nicht ansprechbar. Ein Schlaukopf will die Dinge unter Kontrolle haben. Gefühle lassen sich aber nicht so gut kontrollieren – daher lässt er sie eher ungern an sich heran. Dem Schlaukopf fällt es oft schwer, Beziehungen zu anderen aufzubauen – auch die sind ja nicht so einfach zu kontrollieren. Er ist meist kein großer Schmuser. Dafür mögen es Schlauköpfe, wenn man viel mit ihnen redet und auf ihre Interessen eingeht. Dann sind sie glücklich und hören gar nicht mehr auf, von ihren Ideen und Gedanken zu erzählen.

Was ein Schlaufkopf in der Kita braucht Die Kita kann großen Stress für den Schlaukopf bedeuten – die vielen Kinder, dazu wenig Rückzugmöglichkeiten. Besonders schlimm ist es für den Schlaukopf, wenn es sich dann auch noch an Regeln halten soll, die ihm nicht erklärt werden oder die nicht in seine Logik passen. Es kann passieren, dass man gar nicht merkt, dass der Schlaukopf mit der Situation in der Kita unglücklich ist – im Gefühlezeigen ist es kein Experte.

Wichtig ist, dass in der Kita oder Krippe die Individualität des Schlaukopfes respektiert und auf sie eingegangen wird. Wenn er beispielsweise bei einem Spiel nicht mitmachen will, dann soll er nicht mitmachen dürfen, oder wenn er sein eigenes Ordnungssystem hat, dann sollte man ihm nicht ein anderes aufzwingen. Ein Schlaukopf darf sich in seiner Autonomie nie bedroht fühlen. Eine Einrichtung mit klarer Struktur und definierten Abläufen und Erzieher, die gerne Wissen vermitteln und dafür sorgen, dass immer ausreichend geistige Nahrung vorhanden ist – das ist die Form von Betreuung, die einem Schlaukopf guttut.

Und welche Kita passt zu mir?

Es kann ganz schön quälend sein, tagtäglich mit einer Einrichtung zu tun zu haben, an der einen etwas Grundlegendes stört. Viel häufiger, als man vielleicht glaubt, lassen Eltern ihr Kind die Kita wechseln. Und zwar nicht weil das Kind ein Problem mit der Kita hat, sondern weil sich die Eltern dort nicht gut aufgehoben fühlen. Vermeiden Sie daher einen Fehlgriff und machen Sie sich, bevor Sie auf Kita-Suche gehen, bewusst, was Ihnen an einer Kita wirklich wichtig ist. Ihre Wünsche und Erwartungen richten sich dabei meist an drei Adressen: an Ihr Kind, an seine Erzieher und an die Einrichtung an sich. Ihnen kann beispielsweise an einem Kita-Besuch sehr wichtig sein, dass Ihr Kind dort lernt, sich gut in eine Gruppe einzufügen und Regeln zu beachten. Sie möchten, dass die Erzieher erfahren sind und regelmäßig Fortbildungen besuchen. Und Sie hätten gerne einen verlässlichen und gut organisierten Kita-Träger. Wenn dem tatsächlich so ist, gehören Sie mit hoher Wahrscheinlichkeit zu den Strukturisten in der Elternschaft.

Auch Eltern sind Typen Der Strukturist ist Teil einer Typologie, in der Prioritäten und Verhaltensweisen von Eltern drei Typen zugeordnet werden: dem eben erwähnten Strukturisten, dem Empathisten und dem Spontanisten. Auch dieses Typen-Modell ist, genauso wie die Kindertypologie, nur ein Modell und kein Abbild der Wirklichkeit. Viele Mütter und Väter finden sich aber ganz gut in einem der drei Elterntypen wieder – auch wenn man natürlich von jedem Typ etwas in sich trägt.

Lotta, Katrin und Christian – eine Familie, drei Typen

Katrin und Christian haben mit ihrem Arbeitgeber gesprochen und das Okay für ihre Elternzeit bekommen. Die Voraussetzungen für einen Kita-Start im August sind also geschaffen!

Lottas Kita-Start liegt zwar noch gute acht Monate in der Zukunft, aber für Katrin hört sich das nicht besonders viel an. Schließlich ist sie schon seit einigen Monaten auf der Suche nach einer Betreuung für Lotta und bisher wurde sie nur hingehalten oder hat Absagen kassiert. Und plötzlich mischt sich nun auch noch Christian in die Kita-Suche ein. Eigentlich findet Katrin das ja gut – schließlich wollte sie die ganze Zeit, dass Christian sich auch mit der Sache beschäftigt und nicht nur sie allein für das Thema Kita zuständig ist. Nur leider haben sie ziemlich unterschiedliche Vorstellungen davon, welche Art von Betreuung gut ist. Katrin könnte sich beispielsweise vorstellen, Lotta zu einer Tagesmutter zu geben – für Christian undenkbar.

Christian, der Strukturist

Für ihn kommt nicht infrage, Lotta in die Obhut einer fremden Person zu geben, die weder durch einen Vorgesetzten noch durch Kollegen bei ihrer Arbeit irgendeine Art von Kontrolle erfährt. Und was ist, wenn die Tagesmutter mal krank ist? Eine Vertretung gibt es dann nicht und das bedeutet, dass sich Christian oder Katrin einen Tag Urlaub nehmen müssen, um Lotta zu betreuen. Auch Elterninitiativen steht Christian skeptisch gegenüber.

Keine Lust, die Kita zu putzen Woher weiß man, ob die Kita tatsächlich ordentlich geführt wird? Schließlich sind das ehrenamtlich tätige Eltern, die die Kita

leiten, und nicht unbedingt Profis. Und über jede Kleinigkeit muss diskutiert und abgestimmt werden ... Ganz zu schweigen von dem Dauer-Engagement, das von den Eltern erwartet wird! Zum Putzen und Kochen in der Kita hat Christian nun wirklich keine Lust und erst recht keine Zeit.

Lotta soll professionell betreut werden

Christian möchte, dass Lotta in die städtische Kita geht – die hat einen guten Ruf, großzügige tägliche Öffnungs-und wenige Schließzeiten, dazu ist sie um die Ecke. Er könnte sich aber auch vorstellen, Lotta in der öffentlich geförderte bilingualen Kita in der Nähe seines Arbeitsplatzes betreuen zu lassen. Dort geht die Tochter seines Freundes hin und der ist ganz begeistert von der Professionalität der Leitung und des Personals, des Konzepts und der Top-Ausstattung der Kita. Und Lotta würde in der Kita Englisch lernen! Gut, das Ganze wäre auch mit zusätzlichen Kosten verbunden, aber er möchte, wenn es um Lottas Betreuung und Bildung geht, auf keinen Fall als Erstes ans Geld denken.

Strukturisten-Eltern

Der Strukturist ist aller Wahrscheinlichkeit nach der in Deutschland am häufigsten vertretene Elterntyp. Strukturisten ist es wichtig, alles richtig zu machen. Sie informieren sich stets ausgiebig und umfangreich, wenn es um das Wohl ihres Kindes geht. Welcher Kinderwagen ist der beste, welche Schlafsituation die sicherste, welche Ernährung die gesündeste, welche Spielsachen die pädagogisch wertvollsten? Und natürlich die mit der geringsten Schadstoffbelastung. Sie sind die Eltern, die am stärksten auf Gütesiegel achten und am häufigsten zu Ratgebern greifen. Sie legen großen Wert darauf, dass ihr Handeln den aktuellsten und am besten wissenschaftlich belegten Empfehlungen entspricht – solange die Empfehlungen nicht allzu ausgefallen sind und nicht zu sehr von der gesellschaftlichen Norm abweichen. Sie setzen auf Berechenbarkeit und überlassen nichts dem Zufall – sie sind meist echte Planungs- und Organisationsprofis.

Er weiß genau, was er will Oft lassen sie ihre Kinder bereits vor der Geburt auf Wartelisten setzen und nehmen anschließend systematisch alle infrage kommenden Einrichtungen unter die Lupe – gerne unter Zuhilfenahme von Excel-Tabellen. Ein Strukturist möchte, dass sein Kind optimal in seiner Entwicklung gefördert wird. Vielfältige Angebote in Sachen Frühförderung kommen bei ihm daher gut an. Von den Erziehern erwartet ein Strukturist vor allem Kompetenz und Erfahrung. Dann fragt er das Fachpersonal auch gerne mal um Rat in Erziehungsfragen. Er schätzt es zudem sehr, wenn die Erzieher die Entwicklung seines Kindes dokumentieren und regelmäßig darüber in Elterngesprächen berichten. Damit sich nicht nur das Kind des Strukturisten, sondern auch er selbst in der Kita gut aufgehoben fühlt, sollte die Struktur der Einrichtung, eine professionelle Kita-Leitung, ein solides Vertretungsmodell für Krankheitsfälle, regelmäßige Elternabende und Elterngespräche sowie die Möglichkeit der Beteiligung an Entscheidungsprozessen bieten.

Empathisten-Eltern

Empathisten sind äußerst mitfühlend und allgemein am Wohlbefinden ihrer Mitmenschen und insbesondere an dem ihres Kindes orientiert. Der

Empathist verspürt eine starke Verbundenheit zu seinem Sprössling. Daher steht für ihn an oberster Stelle, dass es seinem Kind gut geht und es sich wohlfühlt. Sein gesamtes Tun und Handeln ist darauf ausgerichtet, seinem Kind das Leben so angenehm wie möglich zu gestalten. Dazu ist er auch bereit – noch mehr als andere Eltern –, selbst zurückzustecken. Empathisten richten ihren Tagesablauf komplett auf die Bedürfnisse ihres Kindes aus, auch wenn das bedeutet, dass sie immer wieder Verabredungen oder Termine absagen müssen, da das Kind noch schlafen, essen oder spielen muss.

Empathisten sind Kinderversteher Empathisten sind nicht besonders empfänglich für Ratschläge – sie halten sich eher an das, was ihr Gefühl bzw. was ihr Kind ihnen sagt. Sie schenken ihrem Kind viel Aufmerksamkeit und spielen bzw. beschäftigen sich verhältnismäßig häufig mit ihm. Wenn ein Empathist – aus welchen Umständen auch immer – mal nicht seinen eigenen Ansprüchen und vor allem nicht den Bedürfnissen seines Kindes gerecht werden kann, leidet er sehr und plagt sich mit Gewissensbissen herum. Das eigene Kind einer fremden Person anzuvertrauen

verlangt dem Empathisten einiges ab. Im Grunde kann er dies nur, wenn er ein richtig gutes Gefühl dabei hat. Die »Chemie« muss für den Empathisten stimmen – zwischen dem Kind und den betreuenden Personen und natürlich auch zwischen Eltern und den Betreuern bzw. Betreuerinnen.

Empathisten machen sich beim Kita-Eintritt oft Sorgen, ob ihr Kind damit zurechtkommt, dass die Dinge in der Kita anders laufen als zu Hause, und sie geben den Erziehern gerne jede Menge Tipps, wie ihr Kind am besten behandelt werden sollte. Da kann sich auch mal die Eingewöhnung etwas in die Länge ziehen. Die Bedenken sind aber in der Regel schnell vom Tisch, wenn Empathisten erst einmal Vertrauen zu den Erziehern gefasst haben. Dann sind sie auch ganz friedliche Kita-Eltern – Hauptsache, dem Kind geht's gut und es ist glücklich!

Was der Empathist erwartet Für einen Empathisten ist es entscheidend, ob sein Kind sich in der Kita wohlfühlt und gerne dorthin geht. Ihm bedeutet es meist nicht viel, was eine Kita Tolles bietet – Förderung, Aktivitäten, Raumausstattung etc. Das alles ist für den Empathisten absolut zweitrangig. Ihm kommt es darauf an, dass sein Kind glücklich und zufrieden spielen kann, dass es Trost bei interessierten und zugewandten Erziehern findet, wenn es diesen braucht, und dass es in einer behüteten, kuscheligen Atmosphäre den Tag verbringt. Für Empathisten ist es wichtig, dass die Erzieher einfühlsam, herzlich und verlässlich sind.

Passt die Kita-Struktur nicht zum Kind oder ist sie zu starr, kann es für den Empathisten schwierig werden. Beispielsweise kann ein zu kurzes oder zu frühes Zeitfenster zum morgendlichen Bringen der Kinder viel Stress für einen Empathisten bedeuten. Was, wenn das Kind mal länger schläft oder wenn es morgens nicht so schnell will, wie es die Bring-Zeiten der Kita verlangen? Auch sollte das pädagogische Konzept weniger auf die frühkindliche Förderung ausgerichtet sein, sondern mehr auf die Beachtung der Individualität des Kindes.

Spontanisten-Eltern

Der Spontanist ist der Pragmatiker unter den Eltern. Er legt hohen Wert auf seine Selbstbestimmtheit und lässt sich durch niemanden und nichts gerne einschränken – auch nicht durch sein Kind. Nach dem Motto: Meinem Kind geht es gut, wenn es mir gut geht. Und damit es mir gut geht, muss ich flexibel sein und mich frei entscheiden können. Der Spontanist verändert seinen Lebensstil nicht groß, wenn ein Kind auf der Bildfläche erscheint. Das Kind wird quasi in sein Leben integriert: Es macht einfach bei allem mit, was seine Eltern unternehmen. Die Frage lautet nicht, was ich tun muss, damit mein Kind erfolgreich in unserer Gesellschaft bestehen kann (Strukturist) oder was ich tun muss, damit mein Kind glücklich ist und wir eine gute Beziehung zueinander haben (Empathist). Die Frage, die sich ein Spontanist stellt, ist eine ganz andere: Wie organisiere ich mein Leben mit Kind so, damit ich leben kann, wie es mir entspricht? Ein Spontanist vertraut darauf, dass sein Kind sich von selbst entfaltet und entwickelt – ohne großes Zutun der Eltern.

Spontanisten brauchen Flexibilität

Es ist keineswegs so, dass den Spontanisten die Bedürfnisse ihres Kindes egal sind. Aber sie verstehen es, die Bedürfnisse ihres Kindes mit den eigenen möglichst gut in Einklang zu bringen – auch unter Einsatz kreativer Mittel. Wo andere Eltern großen Wert auf einen regelmäßigen Rhythmus und Beständigkeit legen und deshalb immer wieder auf Unternehmungen verzichten, sieht der Spontanist keine Notwendigkeit dazu. Zu Hause bleiben, weil das Kind schlafen muss? Schlafen kann es doch auch unterwegs. Das Open-Air-Konzert verpassen, weil kein Babysitter da ist? Das Kind kommt einfach mit und kriegt einen Gehörschutz aufgesetzt.

Über die Kita zerbricht sich der Spontanist nicht den Kopf. Wenn er Bedarf an Betreuung hat, dann sucht er sich eine. Am besten um die Ecke, mit der größtmöglichen Flexibilität, was die Bring- und Abholzeiten angeht. Ob die Betreuung passt, macht ein Spontanist ganz klar von seinem Gefühl abhängig, nicht von irgendwelchen theoretischen Überlegungen.

Was der Spontanist erwartet Der Spontanist hat keine besonderen Ansprüche, was die Betreuung seines Kindes angeht – außer ihm liegt ein bestimmtes Thema besonders am Herzen, wie z.B. die Musik. Dann sucht er sich eben eine Kita, in der viel musiziert wird.

Ansonsten möchte er sein Kind einfach gut aufgehoben wissen. Passt es seinem Empfinden nach in der Kita nicht, hat er die notwendige Flexibilität, eine neue Betreuungslösung zu organisieren.

Auch an die Erzieher hat er keine ausgefallenen Erwartungen. Sie sollen sich gut um sein Kind kümmern und ihm bestenfalls den Rücken freihalten. Der Spontanist findet es in der Regel gar nicht schlecht, wenn sein Kind eine gewisse Struktur und bestimmte Regeln in der Kita kennenlernt – dann bekommt es wenigstens an dieser Stelle ein bisschen »Disziplin und Ordnung« mit. Doch zu viel Erziehung sollte es dann auch wieder nicht sein.

Einrichtungen, die regelmäßige und umfangreiche Elterndienste von den Eltern abverlangen, sind nicht die erste Wahl des Spontanisten. Die schränken ihn zu sehr in seinem Handlungsfreiraum ein. Trotzdem trifft man diesen Elterntyp durchaus auch in Elterninitiativen an – der Spontanist ist dann eher die Frau bzw. der Mann fürs Festkomitee, weniger für die Wäsche. Regelmäßige Elterndienste kann man ja tauschen oder meist auch gegen Geld abgeben. Auf die Flexibilität kommt's an.

Die Qual der Wahl

So, Sie haben sich gerade ausführlich mit sich selbst und Ihrem Kind beschäftigt, und wenn Sie es nicht schon wussten, dann haben Sie bestimmt jetzt eine konkretere Vorstellungen davon, was eine Kita Ihnen und Ihrem Kind bieten sollte, damit Sie alle sich dort wohlfühlen.

Allerdings erscheint die Auswahl an Betreuungsmöglichkeiten für das

Krippe, Kindergarten und Kita

In einem Kindergarten werden Kinder im Alter von drei Jahren bis zu ihrem Schuleintritt von ausgebildeten Erziehern betreut. Das Betreuungsangebot der Kinderkrippe richtet sich dagegen an Kleinkinder, an also Null- bis Dreijährige. Auch hier werden die Kinder von qualifiziertem Betreuungspersonal betreut. Einrichtungen, die ganztags betreuen, werden auch Kindertagesstätten bzw. Kitas genannt.

ungeübte Auge oft recht undurchsichtig. Für diesen Betreuungsdschungel sind zum einen regionale Eigenheiten verantwortlich, aber auch die vielseitige Nachfrage der Eltern. Die Bedürfnisse sind eben unterschiedlich. Neben familiären Betreuungsangeboten in Form der Tagespflege (Tagesmutter, Kinderfrau) gibt es die institutionelle Betreuung (Kita, Krippe, Kindergarten), die von städtischen, kirchlichen, karitativen, elterninitiierten oder privatwirtschaftlichen Trägern organisiert wird. Alle zusammen sorgen für ein reichhaltiges Betreuungsangebot. Doch wie kriegt man Licht in das Dschungelgestrüpp?

Ein paar Fragen auf dem Weg zum Ziel

Um sich für oder gegen eine Kita entscheiden zu können, ist ein persönliches Gespräch mit einem Rundgang in der Kita Voraussetzung. Manche Kitas bieten auch die Möglichkeit zu hospitieren. Das ist eine hervorragende Gelegenheit, eine Einrichtung kennenzulernen, die Sie nutzen sollten. Besonders, wenn die Kita zu Ihren Favoriten gehört. Damit Sie herauskriegen, ob die Kita wirklich zu Ihnen und Ihrem

Kind passt, achten Sie bei Ihrem Besuch in der Kita darauf, dass Sie alle Informationen erhalten, die für Ihre Entscheidung wichtig sind. Der folgende Leitfaden kann Ihnen dabei helfen:

Rahmenbedingungen kennenlernen:

- Ist die Lage der Kita günstig?
- Sind die Betreuungszeiten inkl. der Schließzeiten der Kita für Ihren Bedarf passend?
- Ist der Personalschlüssel akzeptabel oder sogar als gut zu bezeichnen?
- Welche Mahlzeiten werden angeboten, in welcher Qualität?
- Wie hoch sind die Kosten und wie setzen sie sich zusammen?

Menschen kennenlernen

- Was ist den Menschen wichtig bei ihrer Arbeit?
- Fühlen Sie und Ihr Kind sich bei den Menschen willkommen?
- Wie ist der Umgang in der Kindergruppe bzw. zwischen Erzieher und Kindern?
- Wie ist das Verhältnis zwischen den Erziehern bzw. den Erziehern und der Leitung?

Konzept kennenlernen

- Nach welchem pädagogischen Konzept wird gearbeitet?
- Wie sieht der Alltag in der Kindergruppe aus?
- Welche besonderen Aktivitäten werden regelmäßig unternommen?
- Wie funktioniert die Kommunikation zwischen Erziehern und Eltern?
- Welche Möglichkeit der Mitbestimmung haben Eltern?
- Welches elterliche Engagement wird erwartet?

Raum kennenlernen

- Wirken die Räumlichkeiten freundlich auf Sie?
- Gibt es ausreichend Platz zum Spielen und Möglichkeiten zum Rückzug?
- Gibt es ein Außengelände?
- Sind die Spielzeuge und Materialien frei für die Kinder zugänglich?
- Gibt es vielfältiges Spielzeug bzw. -material?

Hat Sie die Kita überzeugt und gibt auch die Kita grünes Licht, dann haben Sie wohl die besten Voraussetzungen dafür geschaffen, dass Ihr Kleines ein glückliches Kita-Kind wird und Sie glückliche Kita-Eltern!

Lotta wird ein Marienkäfer

Lotta hat in zwei Kitas eine Zusage bekommen! Lange war gar nicht klar, ob es rechtzeitig mit einem Kita-Platz klappt. Jetzt heißt es entscheiden – welche Kita soll es werden?

In beiden Kitas haben Katrin und Lotta einen halben Tag hospitiert. Die städtische Kita war Christians Favorit von Anfang an. Dort würde Lotta in eine Krippengruppe kommen, die aus zehn Kindern mit zwei Erzieherinnen besteht. Insgesamt sind in der Einrichtung 30 Krippen- und 60 Kindergartenkinder untergebracht. In der Krippe werden Kinder ab drei Monaten aufgenommen. Die Kita lebt ein teiloffenes Konzept, d. h. die Kinder können zu bestimmten Zeiten frei entscheiden, wo sie sich aufhalten wollen. Aber genau das macht Katrin etwas Sorgen. Ist das nicht alles zu viel für so ein kleines Kind? Und die vielen Kinder ... Die Gruppe besteht zwar »nur« aus zehn Kindern, aber im gesamten Krippenbereich tummeln sich insgesamt 30!

Tolle Räume und schöner Garten

Auf der anderen Seite hat die Kita großzügige Räumlichkeiten und ein weitläufiges und schönes Außengelände zu bieten. Und nicht zuletzt machen die Erzieherinnen der Gruppe, in die Lotta kommen würde, einen sehr netten Eindruck! Lotta hat es in der Kita gut gefallen – die vielen Kinder und das Riesenangebot an Spielmöglichkeiten haben sie absolut in den Bann gezogen.

Kuscheliger Kinderladen Und auf der anderen Seite ist da diese nette, kleine Elterninitiative. Sie befindet sich in einer großen Erdgeschosswohnung, wo 17 Kinder von eins bis sechs von drei

Erziehern betreut werden. Die Räume sind supergemütlich eingerichtet und das Bio-Essen wird frisch zubereitet. Lotta hat sich auch in dieser Kita sehr wohlgefühlt und besonders angetan war sie von Erzieher Tom. Er hat es geschafft, dass Lotta sich kaputtgelacht hat. Und das, obwohl sie bei Männern eigentlich erst mal viel zurückhaltender reagiert.

Die Entscheidung

Christian hat schon recht – die Rahmenbedingungen sprechen für die städtische Kita: Die Öffnungszeiten sind wesentlich länger. Und wenn man möchte, kann man sich auch in dieser Kita engagieren. Gleichzeitig fallen auf Dauer wahrscheinlich keine doch eher lästigen Elterndienste an. »Aber die vielen Kinder ...«, denkt Katrin mit Sorge. »Aber Lotta ist ein Wirbelwind und es kann ihr gar nicht genug los sein. Und später hat sie eine größere Auswahl an Spielkameraden.« Schweren Herzens nimmt Katrin Abschied vom Kinderladen und willigt ein. Lotta soll ein Marienkäfer werden – so heißt die Gruppe, in die sie in der städtischen Kita kommen wird. Ab Juni geht Christian in Elternzeit. Er wird auch die Eingewöhnung von Lotta übernehmen. Dafür ist der ganze August vorgesehen.

Lotta kommt an

Ihr Kind soll bald einen Großteil des Tages mit anderen Menschen verbringen. Für den Start in diesen neuen Lebensabschnitt braucht es Rückendeckung.

Eingewöhnung mit Plan und Gefühl

Ein entscheidender Erfolgsfaktor der Kita-Eingewöhnung ist, dass die Eltern ihr Kind in dieser Phase begleiten – aber zu einem gelungenen Ankommen gehört mehr.

Ich habe mir damals keinen großen Kopf um die Eingewöhnung gemacht – ich war froh, in letzter Sekunde für Selma einen Platz in einem wirklich netten Kinderladen ergattert zu haben. Als der Kita-Start näher rückte, fragte ich mich, wie dieses anhängliche Kind innerhalb von zwei, drei Wochen eingewöhnt werden soll. Dieser Zeitraum wird gewöhnlich für die Eingewöhnung angesetzt. Als Mutter mit ausgeprägten Empathisten-Zügen hat die Eingewöhnungsphase meine Nerven ganz schön strapaziert. Sicher hatte ich auch meinen Anteil an der recht langen Eingewöhnungszeit, die Selma letztendlich brauchte …

Aber denken Sie nicht, dass eine kurze Eingewöhnungszeit immer etwas Gutes ist. Klar, gut daran ist, dass Sie schnell an Ihren Arbeitsplatz zurückkönnen. Oft stellt sich jedoch heraus, dass das Kind nach einer kurzen unauffälligen Eingewöhnungszeit doch noch nicht richtig angekommen ist und sich dieser Umstand erst mit Verzögerung bemerkbar macht. Genauso wenig kann man jedoch sagen, dass sehr lange Eingewöhnungen generell vorteilhaft sind für ein Kind. Wie Sie im Folgenden lesen werden, ist das Thema Eingewöhnung zu komplex, als dass man es auf einfache Zusammenhänge reduzieren könnte.

Warum die Eingewöhnung so wichtig ist

Heute sind viele Kinder beim Einstieg in die Kita zwischen einem und zwei Jahre alt. Manche starten auch schon früher ihre Kita-Karriere. Damit die Eingewöhnung reibungslos abläuft und einem guten Start in das neue Kita-Leben nichts im Wege steht, ist es für Sie als Eltern wichtig zu wissen, welche entscheidenden emotionalen und sozialen Entwicklungsschritte ein Kind in seinen ersten drei Lebensjahren zu meistern hat und welche typischen Ängste und Verhaltensweisen damit stets verbunden sind.

Warum nicht einfach Augen zu und durch?

Was passiert eigentlich, wenn man die Eingewöhnung lässt bzw. sehr knapp hält und sein Kind ohne große elterliche Begleitung in der Kita abgibt? Nach dem Motto – Augen zu und durch? Nach ein, zwei Wochen Heulerei und Kampf beruhigt sich das Kind und es ist eingewöhnt. Der Sinn einer von Eltern begleiteten Eingewöhnungsphase ist zwar in Fachkreisen unbestritten und Eingewöhnungen gehören im Grunde in allen Einrichtungen, in denen kleine Kinder betreut werden, zum Standardprogramm – und doch trifft man immer mal wieder auf jemanden, der an der Notwendigkeit einer Eingewöhnung zweifelt.

Schutzlos in der neuen und fremden Umgebung

Was passiert also, wenn ein kleines Kind ohne Begleitung seiner Eltern einer fremden Situation ausgesetzt ist? Es fühlt sich schutzlos und zutiefst verunsichert, weil aus seiner Sicht nichts sicher ist. Es erfährt großen Stress. Später wird es sich zwar höchstwahrscheinlich nicht bewusst daran erinnern können, doch das Erlebte ist

Entwicklungstypische Phasen

Neben ein paar Dingen, die Sie persönlich tun können, damit der Kita-Einstieg gelingt, gibt es eben auch diese typischen Ängste und Verhaltensweisen von kleinen Kindern, auf die Sie keinen Einfluss haben – die jedoch jede Eingewöhnung gehörig beeinflussen. Das Wissen um deren Existenz kann helfen, falsche Erwartungshaltungen zu vermeiden, realistisch zu planen und allgemein mehr Verständnis für Ihr Kind aufzubringen. Und das ist viel wert.

nicht vergessen. Es wird gespeichert im impliziten Gedächtnis, auch Körper- oder Leibgedächtnis genannt.

Stress hemmt Synapsenbildung Von nun an reagiert der Körper des Kindes schneller, stärker und länger auf Stresssituationen mit einer Art innerer Mobilmachung. Dieser Daueralarm, ausgelöst durch Stresshormone, hemmt die Synapsenbildung und die Reifung

der Nervenfasern und damit die ideale Entwicklung jener Hirnregionen, die helfen, Gefühle zu kontrollieren und die Botschaften des Körpers wahrzunehmen. Das Kind wird zukünftig weniger gut gewappnet sein, mit seinen Gefühlen und mit Stress umgehen zu können.

Sozioemotionale Entwicklung in den ersten Jahren

Es gibt zwei bedeutende Entwicklungsschritte im menschlichen Leben auf dem Weg zu einer selbstständigen Persönlichkeit:
- die Bindung an die Hauptbezugsperson im ersten Lebensjahr (die sogenannte primäre Bindung) und
- die Entwicklung zu einem autonomen Wesen im zweiten und dritten Lebensjahr (die sogenannte frühe Selbstwerdung).

Heute weiß man, wie sensibel und bedeutend diese Phasen für eine gesunde Persönlichkeitsentwicklung sind. Daher steht fest: Kinder müssen in dieser Zeit besonders einfühlsam in ihrer Entwicklung begleitet werden – zu Hause genauso wie außer Haus.

Erster Job: Bindung

Im ersten Lebensjahr ist der Beziehungsaufbau zu einem anderen Menschen eine der größten und wichtigsten Entwicklungsaufgaben des Kindes. Ein Säugling ist sogar in der Lage, enge Bindungen zu mehreren Personen zu entwickeln – man sagt bis zu drei. Allerdings ist eine Bindung immer besonders eng – die zur Hauptbezugsperson (häufig Mama). Die Entstehung dieses engen Gefühlsverbundes ist so etwas wie der Grundstein einer stabilen Psyche und der Beziehungsfähigkeit. Und er ist dazu da, Eltern und Kind mindestens 15 Jahre aneinander zu binden – so lange, bis der Nachwuchs selbst für sich sorgen kann.

Gefühle verstehen und steuern lernen

Durch den Aufbau dieser ersten Beziehung beginnt das Kind seine Gefühle zu verstehen und zu steuern. Es lernt, die Gefühle der anderen zu deuten, und es bekommt mit, wie das Miteinander funktioniert. All das erfährt ein Kind tagtäglich im Umgang mit seiner Mutter (oder seinem Papa und ggf. mit seinen anderen Bezugspersonen). Besonders wichtig dabei ist, dass sie stets einfühlsam und unmittelbar auf das Verhalten ihres Kindes reagiert. Das kann sie je nach Bedarf auf ganz unterschiedliche Arten und Weisen tun – durch Mimik, Gestik, durch Sprache oder durch Körperkontakt. Das heißt, durch eine wie auch immer geartete positive emotionale Reaktion, eine Spiegelung.

Feinfühligkeit und Zuverlässigkeit Besonders für Babys und Kleinkinder ist die regelmäßige Spiegelung von entscheidender Bedeutung. Erst die Empathie der Bezugsperson, ihr Mitgefühl, gibt dem Kind die Anerkennung und Würdigung, die sein Selbstwertgefühl entstehen lässt. Wie viel Zeit die Hauptbezugsperson mit ihrem Kind im ersten Lebensjahr verbringt, ist dabei gar nicht so sehr ausschlaggebend. Es hängt in erster Linie von ihrer Feinfühligkeit und Zuverlässigkeit ab, wie erfolgreich die primäre Bindung verläuft. Und sie kann auch dann gelingen, wenn das Kind gleichzeitig Beziehungen zu mehreren Personen eingeht. Die Mutter (bzw. seine Nummer 1) bleibt jedoch die zentrale Bindungsperson, an die sich das Kind auch immer als Erstes wenden wird, wenn es ihm schlecht geht und Trost sucht.

Zweiter Job: Selbstwerdung

Nach den ersten sechs Monaten, die für die Bindung am stärksten prägend sind und in denen Mutter und Kind so etwas wie eine Einheit bilden, merkt das Kind nach und nach, dass es nicht eins ist mit seiner Mutter, sondern etwas Eigenständiges. Je mehr es sich nun als etwas Eigenes wahrnimmt und gleichzeitig erkennt, dass es seine Mutter ist, die es umsorgt, erkennt es auch seine Abhängigkeit von ihr. Es braucht seine Mutter und die Angst befällt es, wenn sie sich entfernt. Das Kind ist nun auch in der Lage, zwischen fremd und vertraut zu unterscheiden. Hat es noch vor Kurzem nahezu jedes neue Gesicht angelächelt, schaut es plus/minus ab dem achten Monat Fremde skeptisch an und wendet sich von ihnen ab, wenn sie zu nahe kommen – es fremdelt.

Eigener Wille und Widerstand

Der Drang, alles erforschen zu wollen, und die fortschreitenden motorischen und kognitiven Fähigkeiten treiben das Kind jetzt immer öfter weg von der Hauptbezugsperson. Es will selbstständig werden und löst sich nach und nach aus der primären Bindung. Zunehmend zeigt es einen eigenen Willen, übt sich im Widerstand, will Dinge alleine machen. Dieses Loslösen heißt nicht, dass die Bindung aufgegeben wird. Die Bindung wird lediglich gelockert und erweitert, um die Selbstständigkeit zu ermöglichen.

Trennungsangst und Trotz Mehr Selbstständigkeit bedeutet aber gleichzeitig auch mehr Anhänglichkeit. Auf der einen Seite ist das gut einjährige Kind grenzenlos neugierig und kundschaftet alles aus. Auf der anderen Seite spürt es seine Abhängigkeit, sucht immer wieder nach Verbindung und hängt oft am Rockzipfel. Es hat Angst, allein gelassen zu werden, und empfindet einen tiefen Trennungsschmerz, wenn Mama geht. Mit eineinhalb Jahren erreicht das Kind dann einen wichtigen Meilenstein in seinem Selbstwerdungsprozess. Es erkennt, dass es eine eigenständige Person ist. In den folgenden eineinhalb Jahren verteidigt das Kind dieses neu erworbene Selbst – die sogenannte Trotzphase – und stabilisiert es. Die gute Nachricht: Fremdeln, Anhänglichkeit und Trotz sind die sicheren Zeichen einer erfolgten Bindung und sind somit normale und notwendige Verhaltensweisen im Laufe der kindlichen Entwicklung.

Was bedeutet das für die Kita-Eingewöhnung?

Das bedeutet, Sie können, je nachdem in welchem Alter Ihr Kind in die Kita kommt, mit bestimmten Verhaltensweisen und Ängsten rechnen, die sich auf den Verlauf der Eingewöhnung auswirken werden. Ganz grob kann man sagen, dass Eingewöhnungen bis ca. zum achten Monat recht unproblematisch ablaufen. Ab dem achten Monat wird es häufig schwieriger, da die Phase des Fremdelns beginnt. Es kommen dann zunehmend Trennungsängste auf, die ungefähr (das hängt natürlich auch immer vom Kind ab) mit eineinhalb bis zwei Jahren ihren Zenit erreichen. Ab dem dritten Lebensjahr gehen die Trennungsängste deutlich zurück, wobei sie nie ganz verschwinden.

Mehr Zeit für Ein- bis Zweijährige Wenn Ihr Kind beim Kita-Start also ein bis zwei Jahre alt ist, sollten Sie für die Eingewöhnung am besten gleich mehr Zeit einplanen. Ihr Kind braucht in dieser Phase einfach mehr Zeit, um Sie loszulassen und sich in der neuen Umgebung und bei den neuen Bezugspersonen sicher zu fühlen. Druck führt an dieser Stelle genau in die entgegengesetzte Richtung.

Bei unter Einjährigen Steigt Ihr Kind innerhalb seines ersten Lebensjahres in die Kita ein, wird die Eingewöhnung voraussichtlich schneller klappen. Es kann jedoch durchaus sein, dass Ihr Kleines ein paar Wochen bzw. Monate nach erfolgter Eingewöhnung, plötzlich einen »Rückfall« hat und sich für ein paar Tage oder auch Wochen nur schwer von Ihnen trennen kann – meistens dann, wenn die Trennungsangst aufkommt.

Eingewöhnung von kleinen Babys Ist Ihr Kind beim Kita-Start jünger als sechs Monate, läuft die Eingewöhnung in der Regel reibungslos – klar, die primäre Bindung ist noch nicht vollständig entwickelt und es kennt auch noch keine Trennungsängste. Daher sollte ein kleines Baby auch nicht unbedingt von Geburt an den ganzen Tag in der Kita verbringen – schließlich gibt es zu Hause mit dem Aufbau der primären Bindung eine wichtige Entwicklungsaufgabe zu leisten! Und wenn es nicht anders geht und Sie planen, Ihr Zwei-, Drei- oder Fünfmonatiges täglich über mehrere Stunden fremdbetreuen zu lassen, ist es wohl bei einer Kinderfrau oder einer Tagesmutter besser aufgehoben als in einer Kita.

Lotta und Christian starten mit der Eingewöhnung

Christian ist seit vier Wochen in Elternzeit und heute startet Lotta, mittlerweile eineinhalb Jahre alt, mit der Kita. Katrin ist wohl von allen am meisten aufgeregt.

Auf der einen Seite würde sie Lotta gerne beistehen – auf der anderen Seite ist Katrin ganz froh, dass sie arbeiten muss und Christian die Eingewöhnung übernimmt. Katrin hofft inständig, dass alles gut gehen wird. Um viertel vor neun werden Christian und Lotta in der Kita erwartet.

Anja, Lottas Bezugserzieherin, empfängt Lotta und Christian herzlich. Lotta schenkt Anja ihr schönstes Lächeln. Das ist doch ein prima Start, denkt Christian. Anja zeigt Lotta in der Garderobe ihr Fach und ihren Haken – dort hängt bereits ein kleines Bild von ihr. Lotta hat auch neue Hausschuhe für die Kita bekommen, die sie nun ganz glücklich mithilfe von Christian anzieht.

Lottas Neugier überwiegt

Anschließend geht es gemeinsam in den Gruppenraum. Da möchte Lotta dann doch erst mal auf Papas Arm. Elke, die andere Erzieherin der Marienkäfergruppe, heißt Lotta und Christian ebenfalls ganz herzlich willkommen. Anja sagt, dass Christian und Lotta sich einfach ein wenig im Raum umschauen können. Nun überwiegt Lottas Neugier doch und sie will runter von Christians Arm. Die vielen Spielsachen sind einfach zu interessant. Besonders ein großer bunter Ball hat es Lotta angetan. Sie trägt das große Ding ganz stolz hin und her. Nach ungefähr zehn Minuten ruft Elke die Kinder: Alle sollen kommen, der Morgenkreis fängt gleich an!

Morgenkreis Christian setzt sich mit in den Kreis, aber Lotta möchte viel lieber mit dem Ball weiterspielen. Christian versucht Lotta zu halten, aber sie haut wieder ab. Anja deutet ihm an, dass er sie ruhig lassen soll. Und plötzlich ertönt ein wohliger Gong. Anja hält eine Klangschale mit einem Klöppel in der Hand. Lotta bleibt wie angewurzelt stehen und läuft zu Christian. Alle Kinder sind ganz still. Als man nichts mehr hören kann, stimmt Anja ein Lied an und die meisten Kinder singen eifrig mit. Anschließend begrüßt Anja die Kinder und erzählt, dass es einen neuen Marienkäfer gibt, nämlich Lotta! Alle Kinder schauen Lotta interessiert an.

So viele neue Eindrücke!

Nach dem Morgenkreis geht Elke mit den größeren Kindern nach draußen und Anja bleibt mit den drei kleineren sowie Lotta und Christian drinnen. Lotta ist voll und ganz beschäftigt mit den vielen Sachen. Sie knöpft sich eins nach dem anderen vor, bringt es zu Papa, vor dessen Füßen nach und nach ein beachtlicher Berg entsteht. Gegen 11 Uhr sagt Anja, dass es für heute genug ist und dass Lotta und Christian am nächsten Tag zur gleichen Zeit wiederkommen sollen. Lotta lässt sich bereitwillig von Christian anziehen – sie ist ganz schön fertig. Das waren wirklich viele Eindrücke!

Dinge, die den Übergang erleichtern

Ihnen wird vielleicht einiges auf den ersten Blick schwer umsetzbar erscheinen, aber diese Maßnahmen zahlen sich in jedem Fall aus:

- Sie sollten die Eingewöhnung um ein paar Tage verschieben, wenn Ihr Kind krank ist oder kurz zuvor krank war.
- Sie sollten darauf achten, dass der Kita-Start nicht mit anderen Großereignissen zusammenfällt, wie beispielsweise der Geburt des Geschwisterchens oder einem Umzug.
- Gleichen Sie im Vorfeld die Schlafens- und Essenszeiten Ihres Kindes an die der Kita an.
- Idealerweise übernimmt der Vater bzw. nicht die Hauptbezugsperson die Eingewöhnung.
- Derjenige, der eingewöhnt, sollte – wenn möglich – sechs Wochen dafür einplanen.
- In den ersten acht Wochen sollte ein kleines Kind nur halbtags in die Kita gehen.
- Der Bezugserzieher sollte in der gesamten Eingewöhnungszeit da sein (und nicht im Urlaub oder auf Fortbildung) und dass nur ein Kind pro Woche und ein Kind pro Erzieher eingewöhnt wird.

Das Berliner Eingewöhnungsmodell

Sehr viele Einrichtungen richten sich bei der Eingewöhnung nach dem sogenannten Berliner Eingewöhnungsmodell. Es wurde speziell für die Eingewöhnung von Kindern unter drei Jahren entwickelt, es wird aber auch bei den »Großen« regelmäßig angewandt. In diesem Modell werden die Eltern in den Eingewöhnungsprozess miteinbezogen. Ihre aktive Teilnahme gilt als wesentlicher Erfolgsfaktor in der Eingewöhnung. Diese Sichtweise ist keineswegs selbstverständlich und es gibt immer noch Einrichtungen bzw. Erzieher, die das anders sehen!

Ein Modell nicht nach Maß, aber biegbar

Wie exakt sich die Kitas an das Berliner Eingewöhnungsmodell halten, ist unterschiedlich. Manche nehmen es ziemlich genau mit der zeitlichen Abfolge der Eingewöhnungsschritte, manche sehen sie eher als Richtschnur und passen sie an die jeweilige Situation und die jeweiligen Bedürfnisse an. Letzteres Vorgehen macht mit Sicherheit mehr Sinn – die speziellen Umstände und die individuellen Erfahrungen Ihres Kindes sollten bei der Gestaltung der Eingewöhnung eine Rolle spielen. Wie eng ist die Bindung an die Eltern? Hatte Ihr Kind bereits regelmäßig Kontakt zu Gleichaltrigen? Hat es Geschwister, die vielleicht sogar die gleiche Einrichtung besuchen? Hat schon einmal ein Babysitter auf Ihr Kind aufgepasst bzw. hat es schon »Trennungserfahrung« gesammelt? All das sind relevante Informationen, die den Verlauf und die Dauer der Eingewöhnung stark beeinflussen können.

Die Dauer entscheiden die Kinder Auf jeden Fall sollte ein Kind die Zeit, die es zur Eingewöhnung braucht, selbst bestimmen. Wie lange das dauert, hängt von seinem Alter, seinem Temperament, seinen Erfahrungen und den äußeren Umständen ab. Das Berliner Eingewöhnungsmodell sieht bis zu drei Wochen für eine gewöhnliche Eingewöhnung vor. Auch diesen Rahmen sollte man, vor allem nach oben hin, nicht zu eng sehen.

Die Eingewöhnung besteht aus vier Phasen

Die Grundphase In der dreitägigen Grundphase kommt das Kind mit

Welche Rituale haben wir zu Hause?

Viele Kitas fragen sie vor dem Kita-Start ab: die Vorlieben und Eigenarten Ihres Kindes. Welche Spiele liebt es? Welche Bücher, welche Musik? Wie beruhigt es sich am besten? Was braucht Ihr Kind zum Einschlafen, welches Ritual ist es gewohnt? Wenn es noch nicht sprechen kann – wie drückt es aus, wenn es Hunger oder Durst hat oder etwas anderes möchte? Was isst es gerne, was mag es gar nicht?

Besonderheiten-Blatt

Sie können auch alles aufschreiben und dieses »Besonderheiten-Blatt« bei der Eingewöhnung mitbringen. Die Erzieher haben dann die Möglichkeit, bei Bedarf wertvolle Tipps nachzulesen, und Sie können sich sicher sein, dass Sie alles Wichtige gesagt haben.

seiner Mutter, Vater, Oma – je nachdem wer die Eingewöhnung macht –, jeden Tag für ein bis zwei Stunden in die Kita und nimmt am Gruppenleben teil. Die Bezugsperson – ich sage mal im Folgenden, der Vater – verhält sich eher passiv, ist einfach da. Das Kind soll immer die Möglichkeit haben, zu kommen oder sich nur mal mit einem Blickkontakt rückzuversichern. Braucht das Kleine eine frische Windel, übernimmt dies Papa. Die Erzieherin, die sich während der Eingewöhnung vorrangig um das Kind kümmert, also die Bezugserzieherin, nimmt hin und wieder Kontakt zu dem Kind auf, vielleicht bietet sie ihm ein Spielzeug an oder zeigt ihm, wo etwas Bestimmtes liegt. Auf keinen Fall darf in den ersten drei Tagen eine Trennung zwischen Kind und Bezugsperson stattfinden.

Erste Trennung

Am vierten Tag, wenn der auf einen Montag fällt, dann am fünften Tag, steht laut Plan die erste Trennung an. Kurze Zeit nach der Ankunft in der Kita verabschiedet sich Papa und geht. Je nachdem, wie das Kleine auf die Trennung reagiert, wird mit der Eingewöhnung weiter vorgegangen. Steckt das Kind die Trennung gut weg oder lässt es sich nach anfänglichem Weinen schnell von seiner Erzieherin trösten, dann

spricht das für eine eher kurze Eingewöhnungsdauer von ca. sechs Tagen.

Nicht länger als eine halbe Stunde Die erste Trennung sollte eine halbe Stunde auf keinen Fall überschreiten. Ist das Kind aber stark verängstigt und lässt sich nicht trösten, so wird der Vater nach zwei bis drei Minuten zurückgepfiffen. In diesem Fall kann man von einer längeren Eingewöhnung ausgehen – drei Wochen plus.

Stabilisierungsphase

Die Stabilisierungsphase beginnt am fünften bzw. sechsten Tag (wenn der fünfte ein Montag ist bzw. die erste Trennung am fünften Tag stattgefunden hat). Die Erzieherin kümmert sich nun immer mehr um das Kind. Sie reagiert als Erstes auf seine Signale, macht Spielangebote, füttert und wickelt es im Beisein des Vaters. Der hält sich eher im Hintergrund und steht zur Verfügung, wenn das Kind Kontakt zu ihm sucht. Hat die erste Trennung gut geklappt, werden die täglichen Trennungszeiten nach und nach verlängert. Am sechsten bzw. siebten Tag kann das Kind dann schon zwei bis drei Stunden ohne Papa in der Kita sein. War die erste Trennung schwierig und das Kind untröstlich, sollte ein nächster Trennungsversuch erst am siebten Tag unternommen werden. Der Mittagsschlaf kann ab dem neunten Tag in der Kita (bei ganz unproblematischen Eingewöhnungen schon ab dem fünften Tag) gehalten werden – entweder in Begleitung von Papa oder mithilfe der Erzieherin.

Individuelle Lösungen Für Kinder, die sich am zehnten Tag bei der Trennung von ihrer Erzieherin trösten lassen, ist der elfte Tag zur Stabilisierung da. Dann gilt die Eingewöhnung als abgeschlossen. Falls das Kleine am zehnten Tag die Trennung immer noch nicht akzeptiert, wird die Eingewöhnung von der Struktur her fortgesetzt. Lässt sich das Kind auch drei Wochen nach Beginn der Eingewöhnung noch nicht von seiner Erzieherin trösten, dann müssen Eltern und Erzieher versuchen herauszubekommen, an was es liegt, und gemeinsam beratschlagen, wie es weitergehen soll.

Die Schlussphase

In der Schlussphase ist Papa nicht mehr im Kita-Alltag anwesend. Er bringt sein Kind in die Kita, verabschiedet sich und

Keine Veränderungen nach dem Wochenende!

Während der Eingewöhnung sollte man niemals unmittelbar nach dem Wochenende mit einer Veränderung starten. Keine erste Trennung, keine Ausdehnung der Verweildauer in der Kita oder der Abwesenheit der Bezugsperson, kein erster Mittagsschlaf usw. am Montag oder nach einem kitafreien Tag!

geht. Allerdings steht er zur Verfügung! Er ist telefonisch erreichbar und innerhalb von wenigen Minuten zur Stelle, falls sich das Kind nicht beruhigen lässt. Die Beziehung zwischen Erzieherin und Kind ist noch nicht sehr stabil und muss in den nächsten Wochen gestärkt werden. Das Kind muss außerdem die Abläufe, Regeln und Rituale der Gruppe kennenlernen und sich mit den Räumen und den Kindern vertraut machen. Oft werden anfangs einige Regeln für ein neues Kind gelockert, z. B. darf es immer sein Schnuffeltuch bei sich haben, aber nach einer Weile gelten dann für alle die gleichen Spielregeln.

Ankommen für Anspruchsvolle

Schön, wenn alles nach Plan läuft – aber nicht immer funktionieren die Kleinen so, wie wir uns das ausgedacht haben – und das gar nicht so selten.

So manches Kind ist auch nach vier Wochen noch nicht angekommen, es wehrt sich standhaft gegen die Kita und will nichts von den Erziehern wissen. Die Eingewöhnung zieht sich in die Länge und alle fragen sich, was da wohl falsch läuft. Oder der ungünstigere Fall – alle haben längst eine Meinung dazu, nur spricht sie keiner offen aus.

Sind Sie während der Eingewöhnung mit irgendetwas unzufrieden, z. B. mit dem Verhalten der Erzieher oder bestimmten Rahmenbedingungen, so sprechen Sie es an. Lassen Sie sich nicht einschüchtern. Sie sind und bleiben Erziehungsberechtigter und Experte für Ihr Kind! Sie geben mit der morgendlichen Übergabe Ihres Kindes Ihr Sorgerecht nicht ab. Sie haben also das Recht und die Pflicht, die Eingewöhnung nach Ihren Bedürfnissen mitzugestalten.

Genauso wichtig ist natürlich, dass auch die Erzieher offen mit Ihnen sprechen und Ihnen mitteilen, was ihnen aufgefallen ist. Damit die Eingewöhnung klappt, müssen sich alle Beteiligten offen und ehrlich über Beobachtungen und Wünsche austauschen und gemeinsam das weitere Vorgehen festlegen. Für Ihr Kind ist es von großer Bedeutung, dass Sie und die Erzieher sich einig sind.

Es braucht einfach länger

Steckt ein Kind gerade in einer kritischen Entwicklungsphase (lernt es beispielsweise im Alter zwischen sieben und acht Monaten zwischen fremd und vertraut zu unterscheiden), kann sich das auf die Dauer der Eingewöhnung auswirken. Einige Kinder benötigen aber auch aufgrund ihrer Persönlichkeit mehr Zeit, um Vertrauen zu einem fremden Menschen zu fassen und sich in einer neuen und dazu auch ziemlich quirligen Umgebung wohlzufühlen.

Enge Bindung zur Nr. 1 Besonders Kinder, die eine sehr enge Bindung zu ihrer Hauptbezugsperson haben, brauchen länger für die Eingewöhnung. Sie konnten immer darauf vertrauen, dass Mama ausnahmslos zur Stelle war, wenn es ihnen nicht gut ging, sie verunsichert waren, sie einfach etwas brauchten oder eben nur mal kuscheln wollten. Daher fallen in der Regel das Entsetzen und der Trennungsschmerz bei den Kindern mit der engen Bindung auch stärker aus, wenn während der Eingewöhnung die ersten Trennungsversuche stattfinden. Hier ist es ganz wichtig, besonders sensibel und langsam bei der Eingewöhnung vorzugehen – sonst wird die Trennungsangst

Zwei Wochen und gut ist's?

Keine Frage – man kommt ins Zweifeln, wenn das eigene Kind sich nach wochenlanger Eingewöhnung immer noch mit Händen und Füßen gegen die Kita wehrt, während die anderen Kinder, die gleichzeitig oder sogar später mit der Eingewöhnung begonnen haben, schon längst im Kita-Alltag angekommen sind. Ist das noch normal? Braucht mein Kind einfach länger, oder machen wir etwas falsch? Grob kann man sagen: Nach fünf Wochen erfolgloser Eingewöhnung muss man genau hinschauen.

nur noch einmal verstärkt und das ganze Unterfangen gestaltet sich umso schwieriger.

»Sie müssen loslassen, sonst klappt das nicht!«

Lassen Sie sich von den Erziehern nicht unter Druck setzen mit Aussagen wie »Sie müssen loslassen, sonst klappt das nicht« und hören Sie auf Ihr Gefühl. Sprechen Sie mit den Erziehern. Vielleicht haben Sie gemeinsam ein paar Ideen, wie Sie Ihrem Kind die Eingewöhnung erleichtern können. Vielleicht ist es einen Versuch wert, dass Sie sich während Ihres Aufenthalts in der Kita noch stärker zurückhalten. Vielleicht geben Sie Ihrem Kind ein Foto von sich, das es sich anschauen kann, wenn Sie nicht da sind. Vielleicht können Sie ein Kindergartenbuch für zu Hause besorgen, Ihrem Kind daraus immer wieder vorlesen und etwas über seine Kita erzählen. Ein sehr bewährtes Mittel, das auch bei unserer kleinen Tochter die entscheidende Wende während der Eingewöhnung gebracht hat: Der Papa (bzw. die Nr. 2 in der Bindungsrangfolge) übernimmt die Eingewöhnung. Da fällt der Abschied (meist von beiden Seiten) ein wenig leichter.

Sie haben ein Problem – dann hat auch Ihr Kind eins

Manchmal ist es so, dass man nicht wirklich überzeugt ist von der Kita, die es nun letztendlich geworden ist. Oder man ist sich einfach immer noch nicht sicher, ob der Zeitpunkt für den Kita-Start der richtige ist. Es kann auch sein, dass sich bestimmte Bedenken erst im Laufe der Eingewöhnung einschleichen. Vielleicht sind die Erzieher nicht so aufmerksam und einfühlsam, wie Sie sich das gewünscht hätten, oder die heftigen Abwehrreaktionen Ihres Kindes verunsichern Sie doch sehr. All das kann dazu führen, dass Sie sich nicht so richtig wohlfühlen bei der Sache.

Sie sind nicht mehr zu 100 Prozent davon überzeugt, dass diese Kita, diese Erzieher, dieser Zeitpunkt wirklich passen. Das spürt Ihr Kind. Wahrscheinlich schaffen Sie es dann auch nicht mehr, Ihre Bedenken zu überspielen. Sie verabschieden Ihr Kind in der Kita sorgenvoll: »Oh mein armer kleiner Schatz, nicht weinen! Mama kommt ja gleich wieder und dann ist alles wieder gut!«, und Sie berichten anderen im Beisein Ihres Kindes verzweifelt, wie schwierig die Eingewöhnung verläuft.

Unsichere Eltern, unsicheres Kind Auch wenn Ihr Kind noch nicht alles versteht, so bekommt es doch Ihre Stimmung mit. Klar, Sie können Ihre Sorgen nicht einfach wegwischen – aber Sie können (und sollten) den Erziehern davon berichten und gemeinsam nach Lösungen suchen. Und das nicht in einem Gespräch zwischen Tür und Angel, wo auch noch Ihr Kind mithört. Damit die Eingewöhnung klappt, muss die Beziehung zwischen den Eltern und den Erziehern funktionieren, am besten sie ist unbelastet und herzlich. Ein Kind orientiert sich in diesem Alter noch stark am Verhalten der Eltern. Sind diese verunsichert, so ist das auch das Kind und schafft den Einstieg in den Kita-Alltag wesentlich schwerer. Wenn sich herausstellt, dass zwischen Ihnen und den Erziehern wirklich unüberbrückbare Differenzen bestehen, dann ist die Eingewöhnung wohl nicht zu retten und Sie müssen sich über einen Wechsel Gedanken machen.

Ihr Kind hat ein Problem mit den Erziehern

Wenn Ihr Kind ein »Problem« mit den Erziehern hat, dann liegt es meistens daran, dass die Erzieher schlicht nicht

Wie viel Weinen ist zumutbar?

Es ist normal, dass ein Kind traurig ist und weint, wenn sich die Eltern verabschieden. Lässt es sich innerhalb von zwei bis drei Minuten von einer anderen Bezugsperson trösten, ist das für ein Kind zumutbar. Das heißt nicht, dass das Kind schon nach drei Minuten glücklich und zufrieden sein muss. Aber man sollte deutlich erkennen, dass es sich beruhigt und sich bei der tröstenden Person sicher und gut aufgehoben fühlt.

Wenn Trösten nicht hilft
Zeigt das Kind wenige Minuten nach der Trennung trotz intensiver Tröstbemühungen keinerlei Anzeichen, dass es sich beruhigt, wirkt es verstört und verunsichert, vielleicht sogar panisch, spricht das für den sofortigen Abbruch des Trennungsversuches und damit ganz klar für eine längere Begleitung durch die Eltern.

genug Zeit haben, sich während der Eingewöhnung intensiv mit Ihrem Kind zu beschäftigen und auf diese Weise sein Vertrauen zu gewinnen. Vielleicht ist der Personalschlüssel nicht ausreichend, vielleicht finden zu viele Eingewöhnungen gleichzeitig statt – mögliche Gründe gibt es viele.

Es kann natürlich auch sein, dass Ihrem Kind einfach die Art eines Erziehers nicht so liegt. Vielleicht ist er zu wenig herzlich oder zu stürmisch oder er schaut manchmal zu streng. Wenn Ihnen hierzu etwas auffällt, dann hilft auch an dieser Stelle nur ein Gespräch mit den Erziehern. Wahrscheinlich werden sich bestimmte Missstände nicht ohne Weiteres beseitigen oder bestimmte Verhaltensweisen ändern lassen. Aber vielleicht ist es doch möglich durch ein paar kleine Veränderungen einen Unterschied zu machen.

Ihr Kind hat zu Hause zu viel um die Ohren

Alle Veränderungen, die Ihr Kind zu Hause mitmachen muss, verringern seine Bereitschaft und vor allem seine Fähigkeit, sich auch noch auf zusätzliche, schwerwiegende Veränderungen einzulassen. Umzug, die Ankunft eines Geschwisterchens oder womöglich die Trennung der Eltern – das sind alles große Umbrüche im Leben eines kleinen Kindes, die den Einstieg in die Kita erschweren oder zu dem Zeitpunkt sogar unmöglich machen. In so einem Fall kann man nichts erzwingen, man hat nur die Wahl zwischen Tempo komplett rausnehmen und Projekt Kita-Start verschieben.

Nicht reif für die Kita – gibt es das?

Nein, nicht wirklich. Ein Kind ist nahezu immer dazu in der Lage, sich an neue Personen und Umgebungen zu gewöhnen. Man kann dabei natürlich einiges falsch machen, die Rahmenbedingungen können unzureichend sein und es kann passieren, dass das Eingewöhnen aus verschiedenen Gründen länger dauert – von all diesen Widrigkeiten habe ich zuvor ausführlich berichtet. Wenn aber der Betreuungsschlüssel stimmt, die Erzieher einfühlsam sind, die Eingewöhnung sanft gestaltet wird und man das Kind nicht mit zu langen Fremdbetreuungszeiten strapaziert, kann der Einstieg in die Kita zu jeder Zeit klappen.

Eingewöhnt oder nur angepasst?

»Es klappt alles ganz wunderbar mit der neuen Kita! Max weint überhaupt nicht, weder beim Abschied noch wenn ich weg bin. Ich hätte schon am zweiten Tag zu Hause bleiben können!« Es gibt Kinder, die sind – so sieht es zumindest aus – schon nach zwei bis drei Tagen in der Kita angekommen und haben sich an die neuen Umstände angepasst. Doch das ist definitiv zu kurz für eine Eingewöhnung selbst bei einem Kindergartenkind (also drei Jahre und aufwärts) mit Fremdbetreuungserfahrung.

Manche Kinder sind scheinbar sehr selbstständig und kümmern sich, sobald sie in der Kita sind, kaum noch um ihre Mutter bzw. ihren Vater. Da kommt man leicht zu dem Schluss, dass das Kind die Nähe seiner Bezugsperson nicht braucht. Und man lässt sich womöglich dazu verführen, die Eingewöhnung sehr knapp zu halten. Es ist jedoch bekannt, dass auch diese Kinder in der Eingewöhnungszeit stark unter Stress stehen. Auch wenn bei ihnen die Eingewöhnung kürzer ausfallen kann als bei den anhänglichen Kindern, so

sollte sie doch nicht weniger als eine Woche betragen.

Gutes Indiz: wenn Kinder Grenzen überschreiten

Es ist manchmal nicht so einfach zu erkennen, wann ein Kind wirklich angekommen ist. Ja, es muss sich von seinem Erzieher trösten lassen. Aber was ist, wenn es das tut, aber sonst eher teilnahmslos in der Ecke sitzt und wenn's hochkommt das Geschehen zumindest von außen interessiert betrachtet? Ein Kriterium, um beurteilen zu können, ob sich ein Kind in der Kita wirklich wohlfühlt, ist auch, dass es ab und an Grenzen überschreitet. Das heißt, wenn ein Kind sich hin und wieder nicht an die Regeln hält und auch mal frech ist, dann fühlt es sich sicher. Bestimmt ist so ein Verhalten nicht gleich in den ersten Wochen zu erwarten, aber irgendwann sollte es sich schon hin und wieder mal eine kleine Frechheit erlauben.

Nachfragen und hellhörig werden Fragen Sie nach, wie sich Ihr Kind in der Kita verhält. Die Aussage – ach, sie (oder er) ist so ein braves, ruhiges Kind – sollte Sie aufhorchen lassen, wenn

Die Eingewöhnung wird für Lotta passend gemacht

Katrin ist auf dem Weg zur Kita – dort trifft sie sich mit Christian und Lottas Erzieherin, um gemeinsam über die nicht gerade einfach verlaufende Eingewöhnung zu sprechen.

Katrin hat Lottas Bezugserzieherin Anja das letzte Mal vor drei Monaten gesehen und sie wirkt auf sie immer noch genauso herzlich und einnehmend wie damals. Anja eröffnet das Gespräch: »Christian, wie hast du denn die letzten beiden Wochen erlebt?« Er antwortet: »Ehrlich gesagt, war ich überrascht, wie heftig Lotta bei den Trennungen geweint hat!«

Lottas Lieblingsbücher

Anja erklärt, dass einige Kinder eben stärker Trennungsängste verspüren, wenn ihre Eltern gehen – vor allem in dem Alter, in dem sich Lotta gerade befindet: »Ich möchte es gerne etwas langsamer angehen. Die nächste Trennung würde ich erst in der übernächs-ten Woche vornehmen.« Katrin schlägt vor, ein paar Lieblingsbücher von Lotta mitzubringen und ihre Lieblingsmusik. »Finde ich gut«, sagt Anja, »außerdem solltet ihr immer wieder von der Kita erzählen und auch die Namen der Kinder durchgehen. Kleinen Kindern muss man immer wieder alles genau erklären!« Katrin und Christian gehen erleichtert aus dem Gespräch.

Es läuft endlich Christian und Lotta haben Bücher und Musik von zu Hause mitgebracht. Lotta hat sich von Anja vorlesen lassen und hopste regelrecht vor Freude, als plötzlich ihr Lieblingslied ertönte. In der dritten Woche steht nun erst einmal kein erneuter Trennungsversuch an. Anja tritt so oft wie möglich mit

Lotta in Kontakt. Lotta lässt nun immer öfter Christian aus den Augen.

Ein neuer Versuch

Die dritte Trennung in Woche vier klappt wesentlich besser. Lotta weint zwar heftig, als Christian geht, aber sie lässt sich von Anja auf den Schoß nehmen und beruhigt sich dort. Sie bleibt aber auf Anjas Schoß sitzen, bis Christian nach 20 Minuten wiederkommt. Toll findet Christian, dass Anja ihm eine SMS geschickt hat, in der stand, dass Lotta nicht mehr weint und ganz ruhig auf Anjas Schoß sitzt. Die Dauer von Christians Abwesenheit wird nun von Tag zu Tag verlängert. Lotta macht sich gut. Sie weint zwar immer, wenn Christian geht, lässt sich aber recht schnell von Anja trösten. Meistens möchte sie dann erst eine Weile bei Anja bleiben, bis sie sich von ihr löst und etwas spielt. Sie zeigt auch immer mehr Interesse an den anderen Kindern. Am Ende der fünften Eingewöhnungswoche bleibt Lotta den ganzen Vormittag mitsamt Mittagessen in der Kita. Eine echte Punktlandung – nach dem Wochenende muss Christian nämlich wieder ins Büro!

Sie Ihr Kleines als stürmischen Wirbelwind kennen, der eigentlich nichts unversucht lässt. Sie sollten das bei den Erziehern thematisieren und überlegen, was es Ihrem Kind erleichtern könnte, sich so zu zeigen, wie es eigentlich ist oder zumindest mehr davon. Solange sich ein Kind in der Kita nicht oder nicht annähernd so verhält wie sonst, ist es besser, wenn es dort nicht zu viele Stunden verbringen muss. Es tut nicht gut, sich jeden Tag über Stunden hinweg verstellen zu müssen bzw. nicht einfach sein zu können, wie man ist.

Routine für kleine Gewohnheitstiere

Für die einen sind sie wichtiger als für die anderen – und doch kann man für alle Kinder sagen (und besonders für die jüngeren), dass ein bestimmtes Maß an Routinen guttut und dabei hilft, dass sich die Kleinen in ungewohnten Situationen zurechtzufinden. Besonders in der Eingewöhnung – aber auch unmittelbar danach, wenn es darum geht, die entstandene Vertrautheit zu festigen und auszubauen – sind Routinen und verlässliche Abläufe notwendige Rettungsanker für kleine Gewohnheitstiere.

Bringen: stressfreier Abschied mit Ritual

Die Bring- und die Abholsituation sind vielleicht die sensibelsten Momente des Kita-Alltags – zumindest für kleine Kita-Kinder. Das Ganze fängt schon zu Hause an. Morgens muss es schnell gehen – leider sehen das nur Eltern so. Für die Kleinen gibt es eigentlich gar keinen ernst zu nehmenden Grund, sich zu beeilen. Sie sind in der Regel ganz gerne zu Hause und finden es alles andere als nachvollziehbar, warum sie gerade jetzt, wo sie doch erst aufgewacht sind und gerade mal angefangen haben zu spielen, alles stehen und liegen lassen sollen, um lauter langweilige Dinge zu tun, wie zu frühstücken, Zähne zu putzen, sich anzuziehen und dann schnell aus dem Haus zu stürzen. Das Ergebnis sieht dann oft so aus, dass sowohl die Eltern als auch das Kind sich wahnsinnig aufregen und die Laune aller Beteiligten in den Keller sinkt. Keine guten Voraussetzungen für die Eingewöhnung oder überhaupt für den Start in den Kita- und Arbeitstag.

Wie läuft der Morgen ab? Eltern tun daher gut daran, den Morgen so zu gestalten, dass das Pflicht-Programm selbstverständlich stattfinden kann, dass in der morgendlichen Choreografie auch Platz für die Bedürfnisse des Kindes (Spielen, Kuscheln, etwas Trödeln etc.) eingeplant werden. Einigermaßen feste Zeiten für die morgendlichen Programmpunkte und die immer gleiche Abfolge ersparen viele Diskussionen am Morgen. Und – die Zeit sollte insgesamt nicht zu knapp kalkuliert werden. Auch wenn es natürlich schön ist, ein Viertelstündchen länger zu schlafen. Freunde von uns stehen unter der Woche eine Stunde früher auf, als eigentlich notwendig wäre – einfach damit der Morgen entspannt abläuft und ihre Tochter auch noch vor der Kita Zeit zum Spielen hat. Sicher kein Modell, das zu jeder Familie passt, aber sehr wirkungsvoll.

Abschied als Ritual gestalten

Ist man dann, hoffentlich in beschwingter Stimmung, in der Kita angekommen, steht bald der nächste kritische Moment bevor. Der Abschied vom Mama bzw. Papa. Selbst große Kita-Kinder, die schon lange mit von der Partie sind, haben immer mal wieder schwache Momente, in denen sie ihre Eltern nicht gehen lassen wollen und beim Verabschieden in Tränen ausbrechen. Bei den Großen hilft es dann meistens, einfach

noch ein paar Minuten zu bleiben, ein bisschen zu kuscheln und sie lassen einen beruhigt gehen.

Den Kleineren und frischgebackenen Kita-Kindern tut es in der Regel gut, wenn der Abschied nach einem bestimmten Schema abläuft. Irgendein Ritual oder Spiel, das dem Kind gefällt und das zu seinen Bedürfnissen passt. Mit unserer kleinen Tochter hatte ich zum Beispiel beim Verabschieden einige Wochen ein Spiel, das sie über ihren Abschiedskummer ein wenig hinwegtrösten konnte. Obwohl sie das Hausschuheanziehen schon sehr gut selbst beherrschte, habe ich das für sie gemacht und dabei so getan, als ob die Hausschuhe nicht so recht wollten, daher immer im hohen Bogen wegsprangen und ich sie erst wieder bändigen musste. Sie fand das sehr lustig und es fiel ihr in der beschwingten Stimmung viel leichter, Tschüss zu sagen.

Egal wie Sie es gestalten – wichtig ist nur, dass Ihr Kind weiß, was als Nächstes folgt, und nicht unsicher ist, ob Papa nun länger bleibt oder doch gleich geht. Daher sind auch längere Gespräche zwischen Tür und Angel mit Erzieherinnen oder Eltern beim Verabschieden nicht so günstig. Für das Abschiedsritual gilt wie für jedes andere Ritual mit Kindern auch – es muss an die sich ändernden Bedürfnisse angepasst werden. Besonders dann, wenn Sie das Gefühl haben, Ihr Kind braucht gerade mehr Beistand.

Abschied immer mit Erzieher Auf jeden Fall sollte beim Verabschieden immer ein Erzieher dabei oder zumindest in der Nähe sein, der Ihr Kind nach dem Tschüsssagen in Empfang nimmt. So ist Ihr Kind mit seiner Abschiedstraurigkeit nicht allein und wird direkt aufgefangen. Haben Sie ein Kind, das sich, kaum sind Jacke und Schuhe ausgezogen, ins Getümmel stürzt, dann achten Sie darauf, dass Sie sich trotzdem noch richtig voneinander verabschieden. Das bedeutet konkret: Verabschieden Sie sich so, dass Ihr Kind das auch mitbekommt. So mancher furchtloser Wildfang ist tief bestürzt, wenn er merkt, dass Mama plötzlich weg ist, ohne sich verabschiedet zu haben.

Abholen: zwischen Ignorieren und Zusammenbruch

In der Abholsituation werden Eltern mit den unterschiedlichsten Reaktionen ihrer Kleinen konfrontiert. Die einen fallen Mama schluchzend in die Arme, die anderen würdigen sie keines Blickes, wieder andere winken ihr kurz zu und wollen aber gleich weiterspielen. Besonders die Reaktionen der Sorte »Ignorieren« und »emotionaler Ausbruch« sind oft der Anspannung geschuldet, die sich bei einem noch relativ frischen Kita-Kind über den Tag hinweg aufbaut, und sie kommen relativ häufig vor. Wichtig ist, dass Sie das Verhalten Ihres Kindes nicht persönlich nehmen und ihm – sobald es dies zulässt – die Nähe, die es braucht, geben.

Anfangs immer zur gleichen Zeit Achten Sie außerdem beim Abholen darauf, ungefähr zur gleichen Zeit zu kommen und vor allem nicht als Letztes einzutrudeln, wenn alle anderen Kinder schon abgeholt wurden. Sonst muss Ihr Kind unnötig lange bangen, ob Sie denn auch noch erscheinen. Aber Sie werden sehen – ist Ihr Kind erst richtig in der Kita angekommen, werden Sie es oft genug nur mit Mühe herauslocken können. Da wird es Ihrem Kita-Kind dann gerade recht sein, wenn Sie als Letzte auftauchen!

Nicht den Erlöser spielen Versuchen Sie beim Abholen, nicht den Erlöser zu spielen: »Mein kleiner armer Schatz, alles ist wieder gut. Mama ist da und kümmert sich jetzt ganz doll um Dich!« Vielleicht empfinden Sie das manchmal tatsächlich so, was völlig nachvollziehbar ist, aber Ihr Kind sollte nicht regelmäßig das Gefühl vermittelt bekommen, dass es endlich die freudlose Arbeit hinter sich gebracht hat und nun von Ihnen erlöst wird. Ihr Kind hat feine Sensoren für Ihre Stimmungen und wenn es heftig bemitleidet wird, dann fällt ihm bestimmt auch ein Leid ein.

Etwas zum Trösten, Beruhigen und Kraftgeben

Ein schmuddeliges Schnuffeltuch, ein unscheinbares Püppchen, ein Kuschelhase mit angenagten Ohren oder auch der geliebte Schnuller – viele Kinder haben etwas, an dem ihr Herz hängt und was sie tröstet, wenn ihre Eltern nicht da sind. Dieses Etwas wirkt beruhigend, vermittelt Geborgenheit, Sicherheit und Halt. Und zwar in allen fremden und angstbesetzten Situationen – wie auch beim Start in der Kita. Wenn Ihr Kind ein sogenanntes Übergangsobjekt hat (Übergang, da es beim Übergang von der Abhängigkeit zur Selbstständigkeit unterstützt), dann kann das bei der

Eingewöhnung einen wertvollen Dienst erweisen. Achten Sie darauf, dass Ihr Kind sein »Ein und Alles« immer bei sich haben darf. Während der Eingewöhnung sollten Regeln wie »es dürfen keine Spielsachen oder Schnuller mitgeführt werden« außer Kraft gesetzt werden. Ein Übergangsobjekt darf man einem Kind nicht einfach nehmen!

Über den Kita-Alltag sprechen

Hat man sein Kind von der Kita abgeholt, will man natürlich auch wissen, wie es war. Die meisten Kinder sind nicht besonders auskunftsfreudig – und das liegt nicht nur an ihrem eingeschränkten Sprachvermögen. Oft erzählen sie von selbst, dann, wenn sie Lust dazu haben. Aber trotzdem ist es wichtig, dass Sie Ihr Interesse zeigen und Ihr Kind ruhig fragen, wie es war, was es zu essen gab oder mit wem es denn heute gespielt hat. Genauso kann es bei kleinen Kita-Kindern ein schönes Ritual sein, abends beim Schlafengehen noch einmal alle Kinder aus der Kita-Gruppe aufzuzählen und ihnen einzeln gute Nacht zu wünschen. So spielt die Kita auch zu Hause eine Rolle und Ihr Kind weiß, dass Sie sein Leben in der Kita aufmerksam verfolgen.

Lottas Kita-Alltag

Was muss die Kita tagtäglich bieten, damit sie nicht nur liebevolle Aufbewahrung ist, sondern auch ein Ort, an dem sich ein Kind optimal entfaltet?

Was geht in der Kita?

Ihr Kind ist angekommen. Es fühlt sich sicher und wohl in seiner Kita. Doch was treibt es dort den ganzen Tag? Einfach nur spielen, essen und schlafen?

Es ist sicherlich mehr als nur spielen, essen und schlafen – die Kita hat's in jeder Beziehung in sich. Das Kita-Kind muss sich mit seinesgleichen auseinandersetzen und sich an allerlei Regeln halten, es lernt jeden Tag auf allen Ebenen dazu und es ist nicht mehr der Dreh- und Angelpunkt jeglichen Geschehens, wie es das vielleicht von zu Hause kennt. Und das alles ohne elterlichen Beistand, meist bei recht hohem Geräuschpegel!

Miese Laune nach der Kita An manchen Tagen ist das besonders anstrengend und es ist nicht verwunderlich, wenn manches kleine Kind nach der Kita erst einmal alle ist oder miese Laune hat. Doch natürlich erhalten Kita-Kinder tatkräftige und kompetente Unterstützung von den Erziehern, wenn es darum geht, die vielen Herausforderungen im Alltag zu meistern. Aber nicht nur die Erzieher, sondern auch die Tagesstruktur und die Gruppen-Regeln helfen den Kindern dabei, sich zurechtzufinden und nach und nach ihre Konflikte eigenständig zu lösen.

Kinder lernen beim Spielen Vor allem aber gibt es in der Kita jede Menge Raum und Möglichkeiten zum Spielen! Und das ist auch gut so, denn schließlich lernen Kinder beim Spielen immer

• Es macht seine ersten mathematischen, naturwissenschaftlichen und technischen Erfahrungen.

Das alles nimmt Ihr Kind mit – ganz nebenbei, während es spielt! Noch ein kleiner Hinweis: Wenn Ihr Kind schon seit einer Weile die Kita besucht und Sie es gerne dort mal im Alltag erleben möchten – fragen Sie doch nach, ob Sie nicht einen Tag lang hospitieren dürfen. Die meisten Kitas werden Ihnen diesen Wunsch erfüllen – in einigen Kitas ist es sogar gerne gesehen, wenn Eltern solch ein Interesse zeigen.

The same procedure as every day

Alle Kitas haben einen typischen Tagesablauf. Zwischen Bringen und Abholen gibt es immer wiederkehrende Programmpunkte – je nach Kita und pädagogischem Konzept wird mit diesen und deren Abfolge mehr oder weniger flexibel umgegangen. Die meisten Kitas bieten auch Aktivitäten, die zwar nicht alltäglich sind, aber doch regelmäßig vorkommen, wie beispielsweise das wöchentliche Turnen, das Angebot für die Vorschulkinder, der monatliche

noch das meiste. Die Erfahrungen, das Wissen, die Fähigkeiten und die Fertigkeiten, die ein Kind in der Kita sammelt bzw. entwickelt, beziehen sich auf viele verschiedene Bereiche:

• Ihr Kind lernt, seinen Körper zu verstehen und sich bewusst und koordiniert zu bewegen.
• Es lernt, kulturelle Gepflogenheiten kennen, es erfährt wie eine Gemeinschaft funktioniert und wie es in ihr seinen Platz findet.
• Es lernt, sich mitzuteilen und sich mit anderen durch Sprache auszutauschen.
• Es lernt, sich künstlerisch und musikalisch auszudrücken.

Waldtag oder sonstige Ausflüge, die mit den Kindern unternommen werden. Manche Kitas haben auch einen Spielzeugtag in der Woche - auch »Show and tell« genannt. Hier dürfen die Kinder ein Spielzeug von zu Hause mitbringen und es den anderen Kindern vorstellen.

Laternenumzug, Adventsfest, Ostereier bemalen

Auch das gesamte Kita-Jahr hat eine Struktur und ist von bestimmten Ereignissen und den Jahreszeiten mit ihren typischen Aktivitäten geprägt: Nach der Sommerpause mit Beginn des neuen Kitajahres kommen die neuen Kinder – dies ist meist eine Zeit, in der in der Kita nicht so viel unternommen wird und der Fokus auf der Eingewöhnung liegt (außer natürlich rausgehen in den Garten oder auf den Spielplatz – es ist ja noch Sommer!). Im Herbst werden Laub und Kastanien gesammelt und herbstliche Kunstwerke gestaltet, dann kommt das Laternenfest (oder Sankt Martin) mit Laternenbasteln und -umzug, darauf folgt Weihnachten mit all seinen Vorbereitungen (basteln, backen, singen usw.) und dem Kita-Weihnachts- oder Adventfest, anschließend wird Fasching gefeiert, der Frühling herbeigesungen, Ostereier bemalt und

Essen und Schlafen als Rahmen

In den allermeisten Kitas gibt es ein Frühstücksangebot, d. h., die Kinder, die zu Hause noch nicht gefrühstückt haben, können das in der Kita nachholen. Entweder bringen die Kinder von zu Hause in einer Box ihr Frühstück selbst mit oder es wird in der Kita bereitgestellt. Die nächste Mahlzeit ist das Mittagessen, das sehr früh stattfindet: meist schon gegen 11:30 Uhr, damit die Kleinen vor dem Schlafen noch in den Genuss einer warmen Mahlzeit kommen. Danach werden alle Kinder frisch gemacht und anschließend geht es in den Schlafraum zum Mittagsschlaf. Zu einer bestimmten Uhrzeit, meist nach zwei Stunden, werden die Kinder, die noch schlafen, geweckt und gegen 15 Uhr gibt es einen Snack: Obst, Gemüse, Brot, Joghurt oder Müsli.

das Sommerfest vorbereitet – so in etwa erlebt ein Kind das Kita-Jahr.

Vor allem spielen, spielen, spielen

Fragt man Kinder, was sie in der Kita so machen, dann sagen zumindest diejenigen, die schon sprechen können, »Spielen!«. Klar, das ist für Kinder das Wichtigste und das sollten sie auch die meiste Zeit tun – zu Hause wie in der Kita. Gut, spielen also – aber wie, mit wem und vor allem was?

Kleine Kinder erkunden als Erstes die Funktionsweise ihres eigenen Körpers, wie z. B. die ihrer Hände (Funktions-spiel). Bald schon versuchen sie auch herauszufinden, wie die Dinge, die sie zwischen die Finger bekommen, funktionieren – und das am besten mit all ihren Sinnen. Bei dieser frühen Spielform werden vor allem die Bewegung und die Sinne der Kinder geschult.

Kleine Schaffer am Werk

Mit etwa zwei Jahren fangen die Kinder an, etwas zu schaffen bzw. zu konstruieren, und entwickeln so ihre schöpferischen Fähigkeiten (Konstruktionsspiele). Etwa zeitgleich beginnt

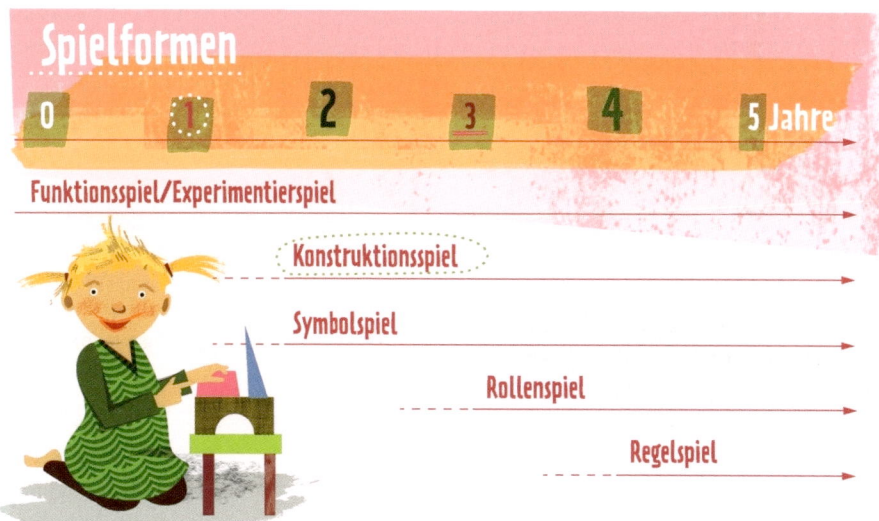

Spielformen

0   1   2   3   4   5 Jahre

Funktionsspiel/Experimentierspiel

Konstruktionsspiel

Symbolspiel

Rollenspiel

Regelspiel

das Kind das Ergebnis seines Handelns innerlich vorwegzunehmen und verwendet Gegenstände symbolhaft, z. B. wird das Brillenetui als Handy umdefiniert (Symbolspiel). Während sich das Funktionsspiel immer mehr zum echten Experimentieren entwickelt (Experimentierspiel), wird auch das, was die Kinder konstruieren bzw. gestalten, komplexer, und wo früher nur Gegenstände andere Funktionen zugesprochen bekamen, schlüpfen die Kinder ungefähr ab drei Jahren selbst in andere Rollen und spielen – entweder allein oder mit anderen zusammen – Szenen aus ihrem Alltag oder aus ihrer Fantasiewelt (Rollenspiel). Ungefähr ab dem vierten Lebensjahr fangen sie für gewöhnlich auch damit an, nach Regeln zu spielen (Regelspiel).

Materialien, Räumlichkeiten und Unterstützung

Um all das tun zu können, brauchen Kinder entsprechende Materialien, Räumlichkeiten, Unterstützung und natürlich Zeit. Die Kita und ihre Erzieher haben also die Aufgabe, den Kindern das Spiel zu ermöglichen. Darüber hinaus sollten die Erzieher die Kinder bei ihrem Spielvorhaben unterstützen und auch mal Spiele anregen. Aber wie viel Anregung bzw. wie viele Vorgaben vonseiten der Erwachsenen sind gut?

Superwichtig: freies Spiel

Freies Spiel ist nichts anderes als selbstbestimmtes Lernen mit starker emotionaler Beteiligung. Kinder spielen aus freien Stücken und ohne Vorgaben das, was sie gerade am meisten interessiert, was sie gerade am stärksten beschäftigt. Einen besseren Lernantrieb gibt es nicht. Und sie lernen viel dabei! Sie entwickeln ihre motorische Geschicklichkeit, erarbeiten sich ein Verständnis über physikalische Gesetzmäßigkeiten, bauen soziale und kognitive Kompetenzen auf. Gleichzeitig werden Fantasie, Kreativität und geistige Flexibilität gefördert. Diesem inneren Spieltrieb muss möglichst viel Raum gegeben werden und meistens gilt: je weniger man ihn von außen beeinflusst, desto besser.

Anregende Umgebung

Das heißt nicht, dass die Kinder in der Kita keinerlei Anregungen bekommen sollten. Damit freies Spiel in allen

Facetten stattfinden kann, brauchen die Kinder eine anregende Umgebung. Eigentlich reichen Kindern ja schon ein paar Stöcke und Steine und schon spielen sie los. Wenn sie aber jeden Tag am gleichen, recht begrenzten Ort verbringen, den sie sich zudem mit ziemlich vielen Kindern teilen, dann brauchen sie schon ein wenig mehr, um ihren Forscherdrang und ihre Neugier ausleben zu können.

Spielen ohne Barrieren Es nützt nichts, wenn eine Kita super ausgestattet ist, die Kinder aber von den Erziehern abhängig sind, weil die bestimmen, ob und wann bestimmte Materialien oder Räumlichkeiten zur Verfügung gestellt werden. Nur wenn die Kinder ohne große Barrieren die Spielmöglichkeiten nutzen können, kann sich das freie Spiel entfalten. Schön ist es, wenn eine Kita die räumlichen Voraussetzungen hat und Themen- bzw. Funktionsräume bieten kann. Dann gibt es vielleicht ein Atelier zum Malen und Basteln, ein Bewegungsraum zum Toben und Höhlenbauen, ein Konstruktionsraum, in dem man mit Lego, Bauklötzen, Knete etc. etwas bauen kann, ein Theaterzimmer zum Verkleiden und Rollenspielen und eines, in dem musiziert wird. Auch

wenn weniger Platz zur Verfügung steht, tut das dem Spiel keinen Abbruch und die verschiedenen Themen finden sich dann eben nicht in einzelnen Räumen, sondern in verschiedenen Ecken eines Raumes wieder.

Erzieher bringen neues Material ins Spiel

Anregungen können (und sollten) natürlich auch hin und wieder von den Erziehern kommen. Sie haben die Möglichkeit, neue Materialien ins Spiel zu bringen oder einfach selbst etwas Interessantes zu machen, das die Neugier der Kinder weckt – schließlich sind die Erzieher, genauso wie Sie als Eltern, Vorbilder für die Kleinen, von denen sie sich gerne etwas abschauen. Besonders wenn den Erziehern auffällt, dass bestimmte Spielformen kaum gespielt werden, obwohl sie für das Alter typisch sind, sollten sie sich Gedanken machen, welche sinnvollen Anregungen sie geben können.

Freies Spielen kommt oft zu kurz Leider bleibt im gut durchstrukturierten Kita-Alltag oft nicht allzu viel Raum für das freie Spiel. Morgens Frühstück, vielleicht ein Morgenkreis, dann Mittagessen, Schlafen und der Nachmittagssnack. Da ist einfach schon recht viel Zeit verplant. Oft gibt es nur ein größeres Zeitfenster am Vormittag, das zur Verfügung steht. Wenn dort aber an den meisten Tagen in der Woche Programmpunkte angesetzt sind (Musik, Turnen, Basteln etc.), ist da nicht mehr viel Platz für kindliches Spiel nach Lust und Laune. Dabei sollte es dazu jeden Tag jede Menge Möglichkeiten geben.

»Wie, hier wird nur gespielt?!« Eine Kita in der (neben dem Essen und dem Schlafen) »nur« frei gespielt wird – das gibt es in letzter Konsequenz wohl eher selten. Das liegt neben den gestiegenen Erwartungen der Eltern auch an dem begrenzten Platzangebot in vielen Kitas. Je mehr Raum vorhanden ist und je größer die Vielfalt des Platzangebots und seiner Ausstattung ausfällt (großzügige Innenräume mit vielfältigen Spielmöglichkeiten, großzügiges Außengelände mit vielfältigen Spielmöglichkeiten), desto einfacher ist es, die Kinder frei spielen zu lassen. Entsprechen die räumlichen Voraussetzungen eher der bescheidenen Norm, sind die Erzieher einfach dazu gezwungen den Kindern mehr angeleitete Aktivitäten anzubieten.

Rausgehen und bewegen

Viele Kitas gehen mit den Kindern fast täglich raus – entweder auf das eigene Außengelände oder, wenn es das nicht gibt, auf den nächstgelegenen Spielplatz. Dort können die Kinder rumrennen, Ball spielen, sich an den Spielgeräten ausprobieren und Sandkuchen backen. Aber auch ein von den Erziehern angeleitetes Turnen macht kleinen Kita-Kindern Spaß oder Tanzen zu rhythmischer Musik – draußen oder drinnen. Sogar Schwimmengehen oder Yogastunden steht bei einigen Kitas regelmäßig auf dem Wochenplan.

Vorlesen und erzählen

Kleine Kinder lieben es, mit Erwachsenen Bilderbücher anzuschauen, und die etwas Größeren hören gebannt beim Vorlesen zu. Auch das gehört in den Kita-Alltag. Man kann die Kleinen aber auch anregen, von sich oder ihren Erlebnissen zu erzählen. In vielen Kitas werden regelmäßig sogenannte Sitzkreise veranstaltet, in denen jedes Kind entweder reihum oder immer dann, wenn es beispielsweise den Erzählball in den Händen hält, sich zu einer bestimmten Frage äußert, z. B. »Wie geht es dir?«, »Was hast du am Wochenende gemacht?« oder »Was möchtest du heute spielen?«. Oder es wird im Sitzkreis über ein tagesaktuelles Thema gesprochen. Vielleicht stand am Morgen neben der Kita ein Krankenwagen – das ist Anlass genug, darüber zu sprechen, was so ein Krankenwagen macht, und vielleicht auch mal zu fragen, wer denn alles schon mal im Krankenhaus war.

Singen, tanzen, musizieren

Musik finden Kinder klasse – ob sie ihr »nur« lauschen oder sie selbst produzieren. In vielen Kitas wird im Sitzkreis, oft kombiniert mit Bewegungs- und Fingerspielen, gesungen. Häufig kommt einmal die Woche eine Musikpädagogin oder ein Student von der Hochschule. Hier lernen schon die kleinen Kinder einfache Instrumente kennen, experimentieren mit Rhythmik und singen natürlich ausgiebig. Aber auch eine Musik-CD anzuhören und dazu zu tanzen macht Spaß.

In vielen Kitas wird ordentlich gefeiert

Ob Fasching, Ostern, Sommer- und Laternenfest oder Weihnachten – all diese Feste müssen natürlich ausgiebig vorbereitet werden und die Kinder helfen in der Kita eifrig mit. Das finden alle Kinder klasse. Da wird gebastelt,

Vor allem funktional – Kita-Kleidung

Damit sich die Kinder möglichst bald selbstständig an- und ausziehen können, ist es sinnvoll, wenn die Kleidung für die Kita funktional ausfällt. Toll sind Schuhe mit Klettverschluss und Hosen mit Gummizug statt Knopf und/oder Reißverschluss – diese Form von Kleidung erleichtert auch den Erziehern die Arbeit … Kleidungsstücke sollten außerdem ohne Schnüre oder Bänder auskommen. Beim Klettern können die Kinder an diesen Verschlüssen hängen bleiben und sich im schlimmsten Fall strangulieren. Viele Kitas wollen außerdem, dass die Kleidung der Kinder mit Namen versehen ist – so können Verwechslungen vermieden werden.

dekoriert, gebacken oder auch mal etwas einstudiert. Aber der absolute Höhepunkt ist ohne Zweifel die eigene Geburtstagsfeier in der Kita. Die wird in der Regel liebevoll ausgerichtet, oft

Voolesen!

Lotta liebt es, wenn man mit ihr gemeinsam Bilderbücher anschaut und ihr daraus vorliest. Auch in der Kita kann sie gar nicht genug davon bekommen – vor allem, wenn Anja vorliest.

Lottas Erzieherin Anja kann wunderschön vorlesen und Lotta genießt es immer in vollen Zügen, mit ihr und einigen anderen Kindern in der Kuschelecke zu sitzen, dabei die Bilder anzuschauen und Anjas sanfter Stimme zu lauschen. Lotta kennt mittlerweile alle Bücher in der Kita schon in- und auswendig, aber sie möchte sie immer wieder von Anja vorgelesen bekommen. Nachmittags, nach der Obstmalzeit, läuft Lotta meistens ganz schnell zum Bücherregal, schnappt sich ein Buch und bringt es Anja. »Voolesen!«, sagt Lotta dann und schaut Anja erwartungsvoll an. Wenn möglich, geht Anja auf Lottas Wunsch ein. Wenn sie gerade etwas anderes zu tun hat, dann trottet Lotta oft ins Musikzimmer und schaut, was da los ist.

Singen, tanzen, Krach machen

Singen, Tanzen, Krachmachen oder einfach Musikhören gehören nämlich auch zu Lottas Leidenschaften. Mittwochs, wenn der Musikstudent Paul kommt und mit den Kindern Musik macht, ist Lotta immer voll und ganz dabei und singt kräftig mit. Ansonsten ist Lotta auch gerne im Toberaum und klettert dort über sämtliche Polster und rutscht unermüdlich die kleine Rampe von der Sprossenwand runter. Und mit Lisa, einem Mädchen aus ihrer Marienkäfergruppe, liebt sie es, mit den Puppenbuggys herumzufahren. Puppen sind da dann allerdings nicht drin, sondern allerhand Spielzeug, von Bauklötzen bis hin zu

Stiften, das Lotta und Lisa kunstvoll auf der Sitzfläche ihrer Buggys auftürmen.

Die tolle, neue Murmelbahn

Das Atelier und den Bau- und Experimentierraum hat Lotta, in den ersten drei, vier Monaten seitdem sie in der Kita ist, kaum besucht. Aber das hat sich nun geändert. Seitdem dort eine tolle Murmelbahn aufgebaut wurde, ist Lotta auch des Öfteren in diesem Raum anzutreffen. Entweder lässt sie dort die Murmeln kullern oder sie versucht sich an den großen Legosteinen.

Collagen basteln – ganz alleine! Auch die Qualitäten des Ateliers hat Lotta mittlerweile schätzengelernt. Letzte Woche haben dort einige Kinder mit einer Erzieherin aus der Kükengruppe Collagen gebastelt. Da hat Lotta mitgemacht. Es gab verschiedene Berge mit unterschiedlichen Schnipseln, von denen man sich nehmen konnte, um sie dann mit einem Klebestift auf ein Blatt Papier zu kleben. Lottas Collage ist kunterbunt geworden und Katrin und Christian konnten kaum glauben, dass ihre Lotta ganz selbstständig so ein tolles Kunstwerk geschaffen hat!

bringt das Kind von zu Hause einen Kuchen mit, es werden Spiele gespielt und das Geburtstagskind erhält eine Geburtstagskrone und ein kleines Geschenk.

Ausflüge und Projekte

In vielen Kitas werden regelmäßig oder unregelmäßig Ausflüge in den Wald, ins Museum oder ins Theater unternommen – zumindest mit den größeren Kindern (ab zwei, drei Jahren). Auch Projekte zu ausgewählten Themen wie z. B. das Experimentieren mit den vier Elementen (Feuer, Wasser, Erde, Luft) oder das Einstudieren eines kleinen Theaterstücks werden mit den Größeren durchgeführt.

Aufregend! Die Kita-Reise In Berlin gibt es außerdem die Tradition der Kita-Reise. Das heißt, die Kindergruppe (natürlich nur die Kinder, die auch wollen) und die Erzieher verreisen für drei bis fünf Tage inklusive Übernachtungen! Bei altersgemischten Gruppen nehmen durchaus schon die Zweijährigen an der Kita-Reise teil. Unsere große Tochter war gerade drei geworden, als sie ihre erste Kita-Reise angetreten hat. Mein Mann und ich waren mächtig

aufgeregt und alles andere als sicher, ob das klappt. Während der gesamten dreitägigen Reise standen wir in den Startlöchern, um uns ins Auto zu schwingen und unsere Tochter von dem 25 Kilometer entfernten Ausflugsort abzuholen. Es kam aber kein Anruf. Sie schwärmt noch heute von ihrer ersten Kita-Reise! Auch Übernachtungen in der Kita werden von einigen Kitas schon mit den Kleinen durchgeführt.

Muss die Kita denn nicht mehr bieten?

Bisschen bauen, malen, basteln, singen und vorlesen – reicht das aus, um unsere Kinder auf die heutige Leistungsgesellschaft vorzubereiten? Ist es nicht sinnvoll, auch schon kleine Kita-Kinder stärker zu fordern und zu fördern, damit sie es später leichter haben? Schließlich ist der Mensch nie wieder so aufnahme- und lernfähig wie in seinen ersten Lebensjahren.

Eltern stehen mächtig unter Druck Hirnforscher haben herausgefunden, dass bei uns Menschen die entscheidenden Verknüpfungen der Nervenbahnen in den ersten sechs Lebensjahren entstehen. Dieses neuronale Netz spiegelt die

(Lern-)Erfahrungen wider, die ein Kind in dieser Zeitspanne gemacht hat. Je vielfältiger und breiter die Struktur des Gehirns angelegt wurde, umso besser ist die Grundlage für weitere Entwicklungen. Einige Neurowissenschaftler betonen daher immer wieder, dass Kinder in frühen Jahren umfangreich gefördert werden müssen. Es reicht also nicht, einfach nur kindliche Grundbedürfnisse zu befriedigen, sondern es müssen gezielt Anreize geboten werden – also mindestens Babyschwimmen, PEKiP und Musikgarten, aber besser noch Chinesisch, Geige und Yoga. Das Potenzial der Kleinen soll sich schließlich optimal entfalten …

Mega-Trend Frühförderung

Der Trend ist nicht zu übersehen – Lernspielzeug für die Kleinen hat Hochkonjunktur. Hauptsache pädagogisch wertvoll! Manchmal scheint es schon fast so, dass Spielzeug nicht mehr in erster Linie dazu da ist, dass Kinder Spaß haben (und dabei natürlich nebenbei etwas lernen), sondern vielmehr zur gezielten Förderung des kindlichen Lernprozesses. Vom ersten Holzgreifling bis zum Kleinkind-Tablet, mit eigens dafür entwickelter Lernsoftware – alles soll wahlweise das räumliche Vorstellungsvermögen, die sprachliche Kompetenz, das Zahlenverständnis oder sonst irgendetwas fördern. Auch das Angebot an Kursen für Babys, Klein- und Vorschulkinder lässt nichts zu wünschen übrig. Lernprogramme, wie das aus Japan stammende Kumon, erfreuen sich auch bei uns großer Beliebtheit. Dort werden auch schon die sprachlichen und mathematischen Fähigkeiten von unter Dreijährigen planvoll weiterentwickelt.

Von Lernspielzeug und Zeitfenstern

Eltern dürfen die wertvolle Zeit nicht vergeuden und auf keinen Fall irgendein Zeitfenster verpassen. Wenn man sich nicht rechtzeitig um den richtigen Kurs gekümmert oder seinem Sprössling nicht das ultimative Lernspielzeug gekauft hat (vielleicht hat man zu spät von seiner Existenz erfahren oder noch schlimmer es schien auf den ersten Blick zu teuer), dann kann einem schon mal das schlechte Gewissen plagen. Wird sich mein Kleines nun deswegen schlechter entwickeln als die anderen, deren Eltern alles richtig gemacht haben? Wird sich das nachteilig auf seine späteren schulischen Leistungen auswirken?

Frühes Fördern – spielerisch, nebenbei und vor allem persönlich

Was ist wirklich dran? Es stimmt, dass Kinder in ihren ersten Lebensjahren besonders viel und besonders gut lernen können. Der Zweck ist der, dass sie ja tatsächlich viel zu lernen haben: greifen, laufen, sprechen, sich selbst erkennen, Sozialverhalten und, und, und. Und sie müssen sich an alle erdenklichen Situationen anpassen können – es ist ja vorher nicht klar, in welche Umwelt sie geboren werden. Nicht die maximale Befüllung mit Lerninhalten ist daher der Sinn dieser enormen Lernfähigkeit, sondern die Bewältigung der »normalen«, ausgesprochen anspruchsvollen und vielfältigen Entwicklungsanforderungen in den ersten Jahren.

Liebe als Entwicklungsmotor Natürlich müssen wir unsere Kinder schon früh fördern und natürlich sollte das auch in der Kita geschehen. Sinnvolles Fördern in frühen Jahren bedeutet allerdings mit großem Abstand vor allem, emotionale Bindungen aufzubauen. Deshalb kann man eigentlich bei Babys und Kleinkindern nur eines verpassen: genug Liebe und Zuwendung zu geben. Es gibt keinen besseren Entwicklungsmotor als das emotionale Band zwischen einem Kind und seinen Bezugspersonen – zu Hause, in der Kita oder sonst wo. Neues nehmen Kinder am besten auf in der Interaktion, im Miteinander mit einem Menschen, der ihnen etwas bedeutet – nicht durch Kurse, die sie einmal die Woche besuchen oder durch Lernsoftware.

Förderung heißt Aufmerksamkeit schenken

Möchte man sein Kind maximal fördern (und wer will das nicht …), dann muss man ihm vor allem Aufmerksamkeit schenken, mit ihm reden, ihm vorlesen, gemeinsam mit ihm singen, spielen, toben und es bei den alltäglichen Arbeiten mitmachen lassen. Und wenn das Kind in die Kita geht, muss man darauf achten, dass es sich dort wohlfühlt, dass es eine vertrauensvolle Beziehung zu den Erziehern aufbaut und dass die Erzieher genug Zeit haben, sich immer mal wieder bewusst mit dem Kind zu beschäftigen. Außerdem sollte ein Kind – in der Kita wie auch zu Hause – vor allem das spielen bzw. sich damit beschäftigen dürfen, was ihm gerade besonders Spaß macht und was es gut kann. Und es sollte dafür Anerkennung erhalten.

Fokus auf die Stärken legen Wenn Ihr Kind z. B. gerne malt, dann sollten Sie bzw. die Erzieher ihm neben den Buntstiften auch mal mit dem Tuschkasten, Wachsmalstiften oder Kreide bekannt machen, es auf verschiedenen Untergründen malen lassen und seine Kunstwerke entsprechend bewundern. Wenn Ihr Kind sich gerne bewegt und schon mit seinen knapp zwei Jahren einen perfekten Purzelbaum draufhat, dann können Sie mit ihm gemeinsam einmal die Woche zum Kinderturnen gehen und in der Kita kann Ihr Kind den anderen Kindern vorführen, wie ein perfekter Purzelbaum geht und wie man richtig balanciert.

Chinesisch kann man später lernen Und keine Angst davor, dass Ihr Kind nicht so gut Chinesisch, Geige oder Yoga lernen wird, wenn es nicht schon mit eineinhalb Jahren damit anfängt. Das Gehirn verfügt über eine unglaubliche Plastizität, die es auch noch später äußerst leistungsfähig hält (vor allem wenn es bis dahin positive Beziehungserfahrungen sammeln durfte) – sonst hätte es der Mensch wohl ohne gezielte Frühförderung nicht so weit gebracht. Je nach Kind und seinen Neigungen kann man mit all diesen Dingen auch noch mit vier, fünf, sechs, sieben Jahren oder später anfangen.

Von Raubtieren und Trennköstlern

Das Essensangebot in den Kitas fällt sehr unterschiedlich aus. Bei den einen gibt's Frühstück, bei den anderen nicht. Dort, wo es Frühstück gibt, muss es bei den einen von zu Hause mitgebracht werden, bei den anderen wird es von der Kita gestellt. Mittagessen gibt es auch nicht in allen Kitas – manchmal muss es kostenpflichtig hinzugebucht werden, manchmal ist es im Paket enthalten. Gibt es kein Mittagessen, bringen die Kinder oft eine zusätzliche Brotzeit mit. Für Kinder, die auch am Nachmittag noch bleiben, gibt es in der Regel noch ein bis zwei Zwischenmahlzeiten – häufig Obst oder noch eine Brotzeit, entweder von zu Hause oder von der Kita.

Bio oder Caterer?

Auch die Qualität des Kita-Essens könnte unterschiedlicher kaum sein. Die einen kochen selbst, die anderen lassen sich das Essen vom Caterer bringen, die einen bieten Bio-Essen oder ausschließlich Vegetarisches, die anderen servieren den Kleinen Speisen auf Kantinen-Niveau. So oder so – das Essen ist in jedem Fall ein fester Bestandteil des Kita-Tagesablaufs.

Ess ich, ess ich nicht Entweder lieben es die Kinder, in der Kita zu essen, und nehmen dort sogar Dinge zu sich, die sie zu Hause nicht mal anschauen würden. Oder sie verweigern so gut wie alles – essen vielleicht mal ein Stück Brot oder ein paar Nudeln ohne alles. Natürlich gibt es auch die, die in der Kita ganz normal essen (wahrscheinlich sind es sogar die meisten), aber von denen hört man selten. Gehört Ihr Kind zu denen, die in der Kita kaum etwas anrühren, dann lohnt es sich, mit den Erziehern zu besprechen, woran das liegen könnte und was man vielleicht tun kann, damit sich Ihr Kind doch noch für das Essen begeistert.

Achtung, kleine Sortierer Ob ein Kind in der Kita isst, hängt oft damit zusammen, ob es sich dort im Allgemeinen bzw. in der Essenssituation wohlfühlt. Gut, manchmal liegt es auch schlicht an seinen sehr speziellen Geschmacksvorlieben oder an seinem allgemeinen Appetit. Wenn ein Kind nun mal sein Essen am liebsten in Form von Trennkost zu sich nimmt, d. h. Karotten: ja, aber pur. Nudeln: ja, aber ohne Sauce. Gurke: ja, aber nicht im Salat – dann wird es natürlich einen Eintopf oder einen Auflauf nicht anrühren. Andere wiederum sind kaum sattzukriegen und würden sich auch noch nach dem dritten Nachschlag eine weitere Portion genehmigen.

Die guten alten Tischmanieren

Ansonsten gibt es in der Kita beim Essen meist allerlei Regeln, an die die Kinder von den Erziehern langsam und unermüdlich herangeführt werden. Aber machen Sie sich keine allzu großen Hoffnungen – auf die Tischmanieren zu Hause hat dies kaum einen Einfluss. Vor dem Essen Hände waschen, danach Zähne putzen, nicht am Tisch rumzappeln, mit Besteck essen, erst zu Ende kauen, dann sprechen, nicht mit dem Essen in der Hand herumrennen – ebenso die üblichen Tischmanieren, auf die man zu Hause vielleicht manchmal weniger achtet. Alles probieren zu müssen oder gar seinen Teller leer essen zu müssen sind dagegen Regeln, die heute – zumindest für Krippen- und Kindergartenkinder – nicht mehr gelten sollten. In der Kita wird meist gemeinsam mit dem Essen angefangen – häufig sagen die Kinder gemeinsam mit ihrem Erzieher vorab zusammen einen Tischspruch auf.

Beim Abräumen helfen Auch die Selbstständigkeit wird während der Malzeiten fleißig geübt. In manchen Kitas tun sich die Kinder das Essen selber auf, sodass sie lernen, das alleine zu schaffen und die Mengen richtig einzuschätzen. Oder sie helfen beim Tischdecken und Abräumen und übernehmen regelmäßig den Tischdienst, d. h. nach dem Essen die Tische abwischen und den Boden grob säubern. Mit diesen Übungen zur Selbstständigkeit wird meist bei den Dreijährigen gestartet.

Babys bekommen Wunschkost Babys erhalten in der Kita natürlich die Mahlzeiten, die sie brauchen – entweder abgepumpte Muttermilch oder Babymilch zum Anrühren und natürlich auch die entsprechende Beikost. Hier gehen die Kitas in der Regel stark auf die Wünsche der Eltern ein. Genauso in den Fällen, wenn ein Kind auf bestimmte Nahrungsmittel allergisch

reagiert bzw. Intoleranzen aufweist oder wenn aufgrund religiöser Überzeugungen bestimmte Nahrungsmittel nicht gegessen werden dürfen.

Auch Flöhe müssen mal schlafen

Es hat mich schon immer fasziniert, wie es möglich ist, zehn (oder mehr) kleine Kinder in einem Raum gleichzeitig zum Schlafen zu bringen – und das meist innerhalb von 15 Minuten. Bewundernswert!

Der Mittagsschlaf ist in der Regel nach dem Mittagessen dran. Viele Kitas haben einen extra Schlafraum, manche funktionieren einen Raum täglich für den Mittagsschlaf um. Die Kinder werden zum Schlafen meist von einem Erzieher begleitet. Der liest dann eine Geschichte vor, singt ein Schlaflied oder zieht eine Spieluhr auf und bleibt oft so lange im Raum, bis alle Kinder schlafen. Die Kinder dürfen eigentlich in allen Kitas, von denen ich weiß, ein Kuscheltier oder einen Schnuller mit zum Schlafen nehmen – eben das, was sie am besten beim Einschlafen unterstützt. Und Babys, die zwischendurch die Müdigkeit überkommt, halten natürlich auch in der Kita ihre Nickerchen.

Individuelle Schlafbedürfnisse

Meistens klappt alles prima – aber auch in der Kita gibt es mal den Fall, dass ein Kind nicht einschläft. Meistens läuft es am nächsten Tag schon wieder problemlos, aber manchmal ist es auch der Schlafbedarf, der sich bei einem Kind verändert hat – gerade bei den Zwei- bis Dreijährigen. Sie wollen dann mittags nicht mehr schlafen, weil sie den Schlaf einfach nicht mehr brauchen. In einigen Kitas wird auf das individuelle Schlafbedürfnis Rücksicht genommen, in anderen weniger. Das bedeutet konkret, dass in der einen Kita Kinder, die nicht mehr schlafen wollen, nicht mehr schlafen müssen und stattdessen einfach etwas Ruhiges spielen können. Oder wenn die Eltern sich wünschen, dass das Kind abends wieder früher ins Bett geht, wecken einige Erzieher die Kinder früher aus dem Mittagsschlaf auf oder die Kinder schlafen nur noch jeden zweiten Tag in der Kita.

In anderen Kitas wiederum wird auf den regelmäßigen Mittagsschlaf großen Wert gelegt und daher halten auch alle Kinder Mittagsschlaf. Die Kinder, die das eigentlich nicht mehr wollen bzw. brauchen, müssen sich also auch hinlegen und zumindest ein wenig ruhen.

Gehegt und gepflegt

Bei kleinen Kindern spielt die Körperpflege eine große Rolle – auch in der Kita. Die Erzieher wickeln die Kleinen mehrmals täglich, sie cremen sie bei Bedarf ein und, wenn nötig, ziehen sie sie um. Sie üben mit ihnen Hygienemaßnahmen wie beispielsweise das Händewaschen und sie begleiten sie beim Trockenwerden.

Wickeln in der Kita Der Wickelsituation wird in vielen Kitas besondere Bedeutung beigemessen. Erstens muss das Kind dem Erzieher dabei voll und ganz sein Vertrauen schenken und zweitens ist das Wickeln eine der wenigen Situationen, in der der Erzieher seine Aufmerksamkeit uneingeschränkt auf das Kind richtet. Viele Einrichtungen arbeiten in der Wickelsituation nach Pikler, einer ungarischen Kinderärztin, die den Begriff der achtsamen und beziehungsvollen Pflege geprägt hat. Das Kind soll das Wickeln nicht einfach passiv über sich ergehen lassen, sondern es wird aktiv beteiligt, sodass ein Wechselspiel der Handlungen zwischen Erzieher und Kind entsteht.

Zähne putzen nicht vergessen

Auch die Zähne werden in der Kita regelmäßig geputzt. Oft erst nach dem zweiten Geburtstag, da die Kinder es dann schon selbst tun können – zumindest ansatzweise ... In vielen Bundesländern besuchen regelmäßig zahnmedizinische Assistenten die Kinder in der Kita, um ihnen das richtige Zähneputzen beizubringen. Außerdem kommt ein- bis zweimal im Jahr der Zahnarzt und schaut sich – wenn Sie als Eltern eingewilligt haben – die Zähne der Kleinen an.

Den eigenen Platz finden

Neben den alltäglichen Dingen wie Spielen, Essen, Schlafen und Körperpflege gibt es natürlich auch das Zwischenmenschliche, mit dem sich das Kita-Kind jeden Tag aufs Neue auseinandersetzen muss. Es hat sich auf eine Reihe an Regeln einzulassen und es muss in der Gruppe seinen Platz zwischen all den anderen Kindern finden. Um das immer wieder zu schaffen, ist es nötig, je nach Typ mehr oder weniger häufig Grenzen zu überschreiten.

Kommt ein Kind in die Kita, merkt es recht schnell, dass es dort anders läuft als zu Hause. Es gelten andere Regeln und meist gibt es in der Kita auch viel mehr davon. Dieser Umstand ist für die Kinder in der Regel kein großes Problem – sie verstehen das sehr gut: zu Hause ist es so, in der Kita ist es anders. Zu Hause kann ich meine Jacke einfach auf den Boden schmeißen, in der Kita muss ich sie an meinen Haken hängen. Meistens ist es sogar so, dass die Kinder auch ihre Eltern ermahnen, wenn sie sich nicht an die Abmachungen halten (nicht mit Schuhen reingehen!).

Einfühlsame Erzieher Schwierigkeiten bereitet es den Kleinen oft, dass sie sich auch an solche Regeln halten müssen, die für ein geordnetes Miteinander sorgen. Man muss sich mit vielem abwechseln, und wenn alle rutschen wollen, muss man sich eben hinten anstellen und warten. Da ist jede Menge einfühlsame Unterstützung der Erzieher gefragt.

Mittagsschlaf und aufs Klo gehen in der Kita

Lotta isst nicht nur gerne in der Kita – sie mag es auch, dort zu schlafen. Außerdem findet sie es prima, wie die großen Kinder aufs Kita-Klo zu gehen.

Als Lotta anfing, in der Kita ihren Mittagsschlaf zu halten, musste sie sich erst einmal an die anderen Schlafumstände gewöhnen. Das war nicht so einfach für sie und nur durch Anjas einfühlsamen Beistand hat das geklappt. Lotta war es von zu Hause gewohnt, dass Katrin oder Christian mit ihr zur Musik ein wenig tanzten, und wenn sie dann schon halb eingeschlafen war, sich mit ihr zusammen hinlegten.

In der Kita läuft das anders Nach dem Mittagessen werden alle Kinder gewickelt und dann heißt es ab in den Schlafraum. Der ist abgedunkelt, nur ein Nachtlicht spendet ein zartes Licht. Wenn alle Kinder liegen, ihr Kuscheltier, ihren Schnuller oder ihre Schmusede-cke haben und zugedeckt sind, wird eine Spieluhr aufgezogen. Auch die Erzieherinnen haben eine Matratze im Schlafraum, auf der sie so lange liegen bleiben, bis alle Kinder schlafen.

Die Sache mit dem Einschlafen

Als Lotta die ersten Male in der Kita schlafen sollte und in ihr Bett gelegt wurde, verstand sie gar nicht so recht, was das sollte. So konnte sie doch nicht einschlafen! Sie stand sofort wieder auf und wollte aus dem dunklen Schlafraum raus. Anja nahm Lotta auf den Arm – sie wusste ja von Christian, dass Lotta es gewohnt war, erst einmal auf dem Arm ein wenig eingeschunkelt zu werden.

Nach einer Weile legte sie Lotta wieder in ihr Bett, setzte sich daneben, hielt ihre Hand und sagte ab und zu ein paar beruhigende Worte – nach ungefähr einer Viertelstunde war Lotta eingeschlafen. Nach einer guten Woche brauchte Anja Lotta gar nicht mehr auf den Arm zu nehmen und sie schlief so ein wie die anderen Kinder.

Lotta geht aufs Kita-Klo

Lotta hat sich das Auf-die-Toilette-Gehen schon früh bei den größeren Kindern abgeguckt. Mittlerweile ist Lotta zweeinhalb, es ist Sommer, und wenn sie nichts anhat, klappt es zu Hause schon super mit dem Pipimachen auf dem Töpfchen. Nur wenn sie angezogen ist und keine Windel trägt, geht das Pipi öfter mal noch in die Hose. Daher trägt Lotta in der Kita Höschenwindeln – wenn das Pipi mal in die Hose geht, wird es von der »Unterhose mit Pipischutz« aufgefangen. Anja und Elke fragen Lotta ab und zu, ob sie Pipi machen muss. Wenn ja, dann begleiten sie sie auf Toilette. In der Kita gibt es kein Töpfchen, aber dafür schöne kleine Kinderklos. Die findet Lotta klasse!

Demokratisch Regeln beschließen

Sind die Kinder schon etwas größer, d. h. so ab drei Jahren oder natürlich in altersgemischten Gruppen, werden Gruppenregeln in der Kita oft in einem demokratischen Prozess aufgestellt. Man bespricht gemeinsam, welche Regeln für das Miteinander wichtig sind und wie sie konkret aussehen sollen, z. B. wie lange darf ein Kind mit der Schaukel schaukeln, wenn auch die anderen Kinder gerne schaukeln möchten?

So verstehen die Kinder am besten den Sinn hinter den Regeln und weil sie sie selber mitaufgestellt haben, fällt es ihnen auch leichter, sich daran zu halten.

In der Gruppe bestehen Teil einer Kindergruppe mit zehn oder mehr Kindern zu sein – das ist für Kita-Kinder jeden Alters eine echte Herausforderung. Wo die größeren Kinder schon mit recht komplexen gruppendynamischen Prozessen zu kämpfen haben (die lassen mich nicht mitspielen, wer ist hier eigentlich der Bestimmer?), sind die Kleineren noch mehr damit beschäftigt, die anderen zu beobachten und, wenn ein Draht da ist, auch mal miteinander oder zumindest nebeneinander zu spielen oder eben ihre aktuellen Lieblingsspielsachen zu verteidigen.

Aber auch die Kleinen schaffen sich ihren Platz in der Gruppe. Jedes Kind entwickelt mit der Zeit seine Vorlieben in der Kita, verhält sich dementsprechend und die anderen wissen um die typischen Verhaltensweisen eines jeden Kindes. Suse sitzt morgens immer erst mal auf dem Sofa und beobachtet das Treiben, bevor sie dann mit den Puppen oder den Stofftieren spielt. Luka dagegen wirbelt immer viel herum und steckt die anderen mit seinem Lachen und seinen lustigen Showeinlagen an. Dabei muss das in der Kita gezeigte Verhalten nicht unbedingt dem typischen Auftreten zu Hause entsprechen. Viele Kinder zeigen sich in der Kita wesentlich angepasster und ruhiger als daheim in ihren eigenen vier Wänden bei Mama und Papa.

Freundschaften Auch wenn manchmal sogar schon im Krippenalter Freundschaften entstehen, fangen diese typischerweise erst im Kindergartenalter an, sich zu entwickeln – genauso wie Ausgrenzungen oder Hackordnungen erst bei den größeren Kindergartenkindern auftreten.

Die Grenzen überschreiten

Ob aus Neugier, Frust oder aus Mangel an Handlungsalternativen – dass Kinder Grenzen überschreiten, gehört zur Natur der Dinge. Kinder müssen Grenzen austesten und erfahren, wie weit sie gehen können und welche Konsequenzen ihr Verhalten mit sich bringt. Das sollten sie zu Hause wie auch in der Kita regelmäßig tun.

Natürlich macht es einen Unterschied, ob ein Kind einfach nicht hört oder ob es andere Kinder tritt, kratzt, beißt und haut. Verhält sich ein Kind aggressiv, dann macht es das häufig nicht aus dem Grund, weil es ausprobieren möchte, wie weit es gehen kann (manchmal natürlich schon), sondern es tut dies in den meisten Fällen, weil es frustriert ist oder Aufmerksamkeit sucht und gerade keinen anderen Weg weiß, sich zu helfen.

Streit ist per se nicht schlecht

Aggressionen sind nicht von vornherein destruktiv. Sie zu empfinden, sie auszuleben und sie abzuwehren ist eine wichtige Voraussetzung dafür, dass Kinder lernen, sich zu behaupten.

Sie sind notwendig, damit sich Kinder entfalten und ihren Selbstwerdungsprozess erfolgreich durchlaufen. Kinder, die streiten, nehmen sich gegenseitig wahr, finden ihren Platz in der Gruppe und lernen ihre eigenen Stärken und Schwächen besser einzuschätzen.

Gesundes Streiten lernen Auch in der Kita geht es also nicht darum, Streit zwischen den Kindern zu vermeiden. Es ist die Aufgabe der Erzieher und Erzieherinnen, den Kindern das gesunde Streiten beizubringen. Die sprachliche Bewältigung von Konflikten spielt dabei eine wichtige Rolle. Denn wenn ein Kind seine Wünsche und Forderungen, seinen Ärger und seine Wut mit Worten ausdrücken kann, so ist es ihm möglich, auf körperlichen Einsatz zu verzichten. Da die Kleinen aber sprachlich noch nicht so versiert sind, greifen sie schnell und spontan zur rohen Gewalt und versuchen auf diese Weise, ihre Ansprüche durchzusetzen oder ihren Frust rauszulassen.

Gewalt geht nicht Dieses Verhalten ist normal für das Alter und den kleinen Raufbolden muss daher immer wieder geduldig klargemacht werden, dass handgreifliche Übergriffe jeglicher Art nicht geduldet werden. In so einem Fall müssen die Erzieher stets eingreifen und den Kindern vermitteln, dass Hauen, Beißen, Kratzen, Haareziehen usw. – also jede Form von körperlicher Gewalt – nicht gehen. Und es ist ihre Aufgabe, den Kindern alternative Verhaltensweisen aufzuzeigen.

Konsequenzen statt Strafe

Und was passiert mit Kindern in der Kita, die sich regelmäßig nicht an die Regeln halten? Wichtig ist natürlich immer erst einmal, dass sich die Erzieher davon überzeugen, ob das Kind auch tatsächlich die Regel kennt bzw. sie verstanden hat und ob es sie mit Absicht oder aus Versehen missachtet. Ist es aber so, dass es sich absichtlich nicht an die Abmachungen hält, sollte das Kind auch Konsequenzen spüren. Und ich meine ganz bewusst Konsequenzen spüren und nicht bestraft werden. Eine Konsequenz steht in Bezug zum »Vergehen« – sie heißt in den meisten Fällen, dass das gezeigte Verhalten dazu führt, dass man das, was man eigentlich will, nicht bekommt.

Eine Strafe ist erniedrigend Strafen haben oft nichts mit dem zu tun, was der Übeltäter angestellt hat – nach dem Motto: »Du bekommst keinen Nachtisch, weil du Anton gebissen hast.« Oder »Du musst jetzt drei Minuten auf dem Stuhl in der Ecke sitzen, weil du Lisa schon wieder gehauen hast.« Eine Strafe ist erniedrigend, weil ein Mächtiger seine Macht ausübt und Kinder dürfen nicht erniedrigt werden – schon gar nicht für ein Verhalten, das typisch für Kinder ist.

Und was machen die Erzieher?

Bei all den aufgeführten Abläufen und Ereignissen im Kita-Alltag begleiten und unterstützen die Erzieher die Kinder und sind ihre sichere Anlaufstelle, wenn sie Fragen haben, Trost suchen oder einfach nur ein wenig Halt brauchen. Sie sorgen dafür, dass der Alltag mit all seinen unterschiedlichen Programmpunkten und Anforderungen glatt läuft – dazu ist natürlich einiges an Planung und Organisation erforderlich. Nebenbei beobachten sie systematisch alle Kinder und dokumentieren deren Entwicklung. Durch Fortbildungen und (idealerweise auch durch) Supervisionen halten sie sich fachlich fit.

Erzieher kümmern sich auch um die Eltern

Und nicht zuletzt kümmern sich auch um die Eltern! Nicht wenige Erzieher berichten, dass die Zeit, die sie für die Betreuung der Eltern aufwenden, sich in den letzten Jahren verdoppelt und verdreifacht hat. Die Ansprüche der Eltern sind gestiegen. Kontroll- und Besorgtheitsanrufe am Tag, häufige Anfragen nach außerplanmäßigen Elterngesprächen, Tür-und-Angel-Gespräche, die über das normale Maß weit hinausgehen – umfangreiche Elternbetreuung steht bei vielen Erziehern mittlerweile neben der Kinderbetreuung auf dem Tagesprogramm. Vor allem in Kitas, deren Klientel hauptsächlich aus der akademischen Mittelschicht stammt. Aber auch das normale Maß an Elternbetreuung ist schon stattlich.

Dokumentation der kindlichen Entwicklung

Kinder lernen jeden Tag eine Menge dazu. In den meisten Kitas dokumentieren die Erzieher diese Entwicklung. Sie beobachten, für was sich Max interessiert, was Oskar gar nicht mag, wie Volkan den Stift hält und was Elena mit den anderen Kindern spielt. Sie notieren ihre Beobachtungen, manchmal auch in standardisierten Arbeitsblättern, und besprechen diese und ihre Interpretation im Team. Jedes Kind ist einmal »Beobachtungskind« – häufig ist das in einem Wochenplan festgelegt.

Jedes Kind hat sein Portfolio Die Dokumentation erfolgt z. B. in sogenannten Portfolios, Lerngeschichten oder Sprachlerntagebüchern und werden meist noch mit Fotos und Selbstgemaltem der Kinder angereichert. Die Dokumentationen sollten frei zugänglich sein, sodass sich ein Kind und seine Eltern jederzeit seins herausnehmen und es sich anschauen kann. Jede Einrichtung macht es ein wenig anders. Manche dokumentieren fast ausschließlich mit Fotos oder Videos, andere konzentrieren sich auf die Dokumentation der Sprachentwicklung.

Schöne Erinnerungen an die Kita-Zeit

Die Erzieher haben durch die Portfolio-Arbeit die Möglichkeit, sich mit einem Kind intensiv auseinanderzusetzen, seinen Lern- und Entwicklungsstand bewusst zu erfassen und Entwicklungsangebote zu planen und zu gestalten. Den Eltern gibt es einen Einblick in das Kita-Leben ihres Kindes und in seine Entwicklung, die es in der Kita vollzogen hat. Verlässt ein Kind die Kita, kann es seine Dokumentation mitnehmen und hat eine schöne Erinnerung an seine Kita-Zeit. Es gibt auch Bundesländer, in denen die Kita-Dokumentation (oder zumindest ein Teil davon) beim Schuleinstieg der Grundschule ausgehändigt wird, damit die Lehrer einen Eindruck davon erhalten, auf welchem Entwicklungsstand sich ihre Schüler befinden. Diese Entwicklungsbeobachtung und -dokumentation wird den Kitas mittlerweile in allen Bundesländern empfohlen, mancherorts ist sie sogar verpflichtend.

Elterngespräche

Die Entwicklung des Kindes ist nicht nur in den Dokumentationen Thema. Auch in regelmäßigen Elterngesprächen oder auch »Entwicklungsgesprächen« zwischen Erzieher und Eltern wird über das Kind und seine Entwicklung gesprochen. Diese finden meist ein- bis zweimal jährlich oder bei Bedarf (z. B. bei einem Konflikt oder einem aktuellen Problem) statt.

Lernfelder und Co. Die Erzieher erzählen z. B., womit sich das Kind in der Kita gerade am liebsten beschäftigt, mit wem es spielt, welche Rolle es in der Gruppe einnimmt, was es gut kann, wo es noch Lernfelder hat. Gerade beim Thema »Lernfelder« reagiert man als Eltern manchmal empfindlich – besonders dann, wenn die Erzieher nicht gerade Kommunikationsprofis sind. Es kann sein, dass man sein Kind ganz anders sieht, als die Erzieher es darstellen. Trotzdem macht es Sinn, sich die Sicht der Erzieher anzuhören und sie auch ernst zu nehmen. In solchen Situationen sollte man versuchen, das Gesagte erst einmal aufzunehmen und sich in Ruhe darüber Gedanken zu machen (auch wenn man manchmal am liebsten direkt in die Großoffensive gehen würde …). Und natürlich sollten auch Sie das Elterngespräch dazu nutzen, Ihre Fragen loszuwerden oder Unzufriedenheit anzusprechen.

Zusammenarbeit zwischen Eltern und Erziehern stärken

Das Elterngespräch hilft aber auch den Erziehern, einen Einblick in die familiäre Situation und das Umfeld des Kindes zu erhalten. Sie erfahren mehr über die Erziehungsmethoden der Eltern, über tägliche Gewohnheiten und über eventuelle Probleme, die die Eltern gerade mit ihrem Kind haben. So wird das gemeinsame Wissen über das Kind vergrößert und die Zusammenarbeit zwischen Eltern und Erziehern gestärkt.

Kleinere Elterngespräche finden natürlich auch ganz informell zwischen Tür und Angel statt. Ganz akute, aber nicht allzu tief greifende Themen können auf diese Weise, beim Bringen oder Abholen, häufig schnell geklärt werden.

Regelmäßige Elternabende

Und dann gibt es noch die Elternabende, zu denen die Erzieher regelmäßig einladen. In manchen Kitas finden sie alle sechs Wochen statt, in anderen nur einmal im Jahr, z. B. zur Wahl des Elternbeirats. Ein Elternabend kann einfach zum Informations- und Erfahrungsaustausch dienen. Dann berichten die Erzieher in der Regel von Aktivitäten, der Gruppensituation sowie anstehenden Ereignissen und oft werden auch Fotos vom Kita-Alltag gezeigt. Auf

diese Weise erfahren die Eltern etwas mehr vom Kita-Alltag. Der Elternabend kann aber auch einem ganz speziellen Thema, z. B. Trockenwerden, Ernährung und Zahnpflege, Grenzensetzen und Trotzphase gewidmet sein.

Endlosdiskussionen Es gibt auch Elternabende, an denen bestimmte Grundsatzfragen diskutiert werden: Darf im Adventskalender Süßes drin sein? Wie soll mit Kindern, die aggressives Verhalten zeigen, umgegangen werden? Manchmal kann so ein Elternabend in eine Endlosdiskussion münden. Das braucht man eigentlich nicht, wo man sich sowieso schon erschöpft vom Tag gerade mal so in die Kita geschleppt hat, eigentlich nur um etwas von seinem Kind zu erfahren. Trotzdem sind Elternabende, unterm Strich gesehen, besser als ihr Ruf. Und es ist wichtig, dass Eltern hingehen und sich beteiligen. Wenn einem etwas an der Art und Weise der Durchführung nicht gefällt, dann sollte man das sagen.

Elterncafé am Nachmittag
In manchen Kitas laden die Erzieher außerdem immer mal wieder zu einem Elterncafé ein, zu dem die Erzieher mit

Katrin und Christian beim Elterngespräch

Morgen steht das jährliche Elterngespräch auf dem Terminkalender. Christian und Katrin haben sich extra freigenommen und sind schon gespannt, was sie über Lotta erfahren werden.

Katrin hat sich ein paar Fragen notiert, die sie im Gespräch stellen möchte. Beispielsweise würde es sie interessieren, ob Lotta in der Kita auch so ein Theater beim Anziehen veranstaltet. Zu Hause ist es gerade wirklich schwierig, Lotta in irgendwelche Kleidung zu stecken. Wenn Katrin ihr morgens etwas zurechtlegt, bekommt Lotta sofort einen Riesenwutanfall. Sie muss selbst bestimmen, was sie anzieht, aber auch das läuft nicht reibungslos ab. Dazu kommt eine äußerst seltsame Angewohnheit mit den Ärmeln. Sämtliche Ärmel (auch die von dicken Jacken) müssen immer exakt einmal umgeschlagen werden. Wenn das nicht so klappt, wie sich Lotta das vorstellt (und das ist fast immer der Fall ...), ist die Hölle los.

Ein dicker Lotta-Ordner

Anja empfängt Katrin und Christian im Erzieherzimmer. Auch sie hat sich auf das Gespräch vorbereitet und legt einen großen Ordner vor sich auf den Tisch. Sie eröffnet das Gespräch und berichtet von Lottas Entwicklung im letzten Jahr. Dabei geht sie mit Katrin und Christian das Kita-Portfolio von Lotta durch. Es ist voller Fotos, Gemaltem und Gebasteltem von Lotta und Eintragungen der Erzieherinnen.

Lotta entwickelt sich prima »Lotta entwickelt sich auf allen Ebenen ganz prima! Auch mit den Phasen, in denen Lotta schlecht gelaunt und empfindlich ist, kommen wir gut zurecht. Sie braucht

dann meistens erst einmal unsere Unterstützung. Elke oder ich müssen ihr eine Extra-Portion Aufmerksamkeit schenken und für sie ein Nest bauen. Da drin bleibt sie dann so lange, bis sie wieder bereit ist, sich der Gruppe zuzuwenden«, fasst Anja zusammen. Lottas Eltern hören sich begeistert alles an und sind stolz auf ihre kleine Lotta.

Die Kleiderfrage

Katrin fragt: »Lässt sich Lotta eigentlich hier in der Kita ohne Weiteres von euch anziehen? Ist sie hier auch so zwanghaft mit ihren umgeschlagenen Ärmeln?«

Anja muss lächeln: »Ja, durchaus! Aber solche zwanghaften Anwandlungen sind bei Kindern in dem Alter ganz normal. Ich bin mir sicher, in ein paar Wochen ist diese Phase schon wieder vorbei.«

Gruppenwechsel steht bevor Im nächsten Kita-Jahr wird Lotta in eine der Kindergartengruppen wechseln. Anja empfiehlt, dass Lotta in die Gruppe von Elsa und Jo kommt. Lotta mag die beiden sehr gerne und Anja kann sich gut vorstellen, dass Lotta gut in ihre Gruppe passt. Katrin und Christian sind natürlich einverstanden – wenn Anja das sagt!

den Kindern zusammen backen. Eltern, Kinder und Erzieher sitzen dann am Nachmittag zusammen bei Saft, Kaffee und Kuchen, und während die Kinder dann nach einer ordentlichen Portion Süßem sich wieder dem Spiel widmen, haben Eltern und Erzieher (vielleicht) die Möglichkeit, sich auszutauschen.

Und welche Rolle spielen Sie?

Sie sind ein elementarer Bestandteil der Erziehungspartnerschaft! Erziehungspartnerschaft bedeutet, dass Eltern und Kita sich in einem kontinuierlichen Dialog befinden, ihre Erziehungsziele und -methoden aufeinander abstimmen und die Erziehung gemeinsam gestalten. Und dass Eltern und Kita gemeinsam an einem Strang ziehen, falls das Kind mal Schwierigkeiten hat und es darum geht, ihm zu helfen. Die Grundlage der Erziehungspartnerschaft ist, dass man sich gegenseitig vertraut und respektiert, dass man miteinander redet, sich informiert, sich öffnet. All das spürt das Kind, es fühlt sich sicher und gut aufgehoben und hat damit die optimalen Voraussetzungen zu lernen und sich zu entfalten.

Ganz neue soziale Kontakte

In manchen Kitas ist es üblich, dass die Erzieher die Kinder und ihre Familien auch mal zu Hause besuchen. Andere Kitas laden die Eltern regelmäßig zum Hospitieren ein oder bitten auch mal um Unterstützung, wenn Not am Mann ist. Es gibt viele Möglichkeiten, sich gegenseitig vertraut zu machen. Feste, Eltern-Cafés, Bastelnachmittage, Eltern- oder Themenabende in der Kita bieten ebenso Gelegenheit, sich näher kennenzulernen. In der Kita ergeben sich neue soziale Kontakte nicht nur für die Kinder, sondern auch für die Erwachsenen. Mal nimmt man ein Kind nach der Kita mit nach Hause, damit seine Eltern noch etwas erledigen können oder einfach nur zum Spielen, und mal geht das eigene Kind nach der Kita die Freundin/ den Freund besuchen.

Mischen Sie mit!

Sie können sich auf verschiedene Arten und Weisen in der Kita einbringen. Sie müssen aber nicht. Es ist völlig in Ordnung, wenn Sie keine Ämter übernehmen oder Zeit in Elterndienste stecken. Aber es muss immer Eltern geben, die dazu Lust haben. Es ist wichtig, dass Eltern mitgestalten und an den Entscheidungsprozessen der Kita beteiligt sind – schließlich ist ihre Sicht der Dinge unverzichtbar für eine erfolgreiche Kita-Organisation. Im Kinder- und Jugendhilfegesetz wird die Mitarbeit der Eltern sogar ausdrücklich verlangt (SGB VIII § 22a Abs. 2).

Mitarbeit in Eltern-Kind-Initiativen

Organisieren sich Eltern in einem Verein und werden selbst zum Träger der Kita, haben sie als Arbeitgeber große Mitbestimmungsmöglichkeiten. In einer Eltern-Kind-Initiative können sich Eltern von der Mitgliedervollversammlung zum Vorstand wählen lassen und somit die Leitung der Kita übernehmen. Dann gilt es, zu gestalten und zu verwalten, Fristen, Gesetze und Regeln zu beachten sowie immer im Kommunikationsprozess mit allen Beteiligten zu bleiben. Außerdem haftet man als Vorstand persönlich für Schäden, die durch grob fahrlässiges Handeln entstehen. Eben ein echter Geschäftsführerjob – mit all seinen Rechten und Pflichten.

Große Kitas In städtischen Kitas oder solchen, die von großen Trägern geführt werden, sieht die Elternbeteiligung anders aus. Oft haben die Eltern, die ein Amt bekleiden, eher eine beratende Funktion, beispielsweise in Sachen pädagogisches Konzept, Ausstattung, Essen oder Öffnungszeiten, und sie müssen von der Kita-Leitung und dem Träger regelmäßig informiert werden.

Andere Möglichkeiten der Elternbeteiligung

Sie müssen aber nicht gleich ein ganzes Amt ausfüllen, wenn Sie in der Kita einen Beitrag leisten möchten – es gibt auch andere, weniger formale Möglichkeiten der Elternbeteiligung, besonders in Elterninitiativen, die stark auf die Mitarbeit der Elternschaft angewiesen sind. Meist werden bestimmte Dienste unter den Eltern verteilt. Da ist man dann z. B. für Hausmeisterarbeiten zuständig, für den Garten, die Post, die Wäsche, den Einkauf oder für die Organisation der Feste. In unserem Kinderladen gibt es neben den Elterndiensten auch Einsätze, an denen alle Eltern beteiligt sind, z. B. dem Frühjahrs- und Herbstputz. Bei Kuchen und Kaffee wird dieser eigentlich nicht so prickelnde Anlass dann doch immer zu einem sehr netten Samstagnachmittag.

Von alltäglichen Hindernissen

Eine echte Erziehungspartnerschaft ist auch die beste Strategie zur Konfliktvermeidung. Aber selbst in den besten Familien kommt es mal zu Krisen.

Unzufriedenheit oder sogar handfeste Konflikte gibt es auch immer mal wieder in der Kita, und wenn sie nicht richtig gelöst werden, können sie sehr belastend sein – für Ihr Kind und ebenso für Sie. Aber auch Krankheiten beeinträchtigen den Kita-Alltag und nicht nur den. Wenn Ihr Kind krank ist und nicht zur Kita kann, bedeutet das in der Regel, dass Sie zu Hause bleiben müssen und nicht zur Arbeit können. Nicht immer einfach zu organisieren, wenn sich auf dem Schreibtisch die Aufgaben türmen. Aber diese alltäglichen Hindernisse gehören nun mal dazu und meistens bekommt man sie auch ganz gut in den Griff.

Knatsch in der Kita

Es kann mal vorkommen, dass Ihr Kind aus irgendeinem Grund in der Kita unglücklich ist oder aber dass Ihnen dort etwas nicht gefällt. Das ist völlig normal – und in der Regel lässt sich die schlechte Stimmung bzw. das konkrete Problem durch Gespräche und kleine Veränderungen schnell beseitigen.

In einigen Fällen wird sich unter Umständen keine befriedigende Lösung finden lassen – zumindest nicht kurzfristig. Dann stellt sich die Frage, wie viel Einsatz Sie noch in die »Beseitigung des Problems« stecken wollen, für wie

sie es mitnehmen. Es gibt hin und wieder Krisen, die ein Kind während seiner Kita-Zeit durchläuft – auch wir gehen nicht ständig mit der gleichen Motivation zur Arbeit.

Manchmal ist es so, dass die Krise einen ganz bestimmten Auslöser hat. Vielleicht gab es einen Erzieherwechsel, vielleicht kam gerade ein Geschwisterchen zur Welt, vielleicht hat sich die Gruppe durch den Zu- und Weggang von Kindern stark verändert – solche Veränderungen, aber auch schlicht eine Phase der Anhänglichkeit können dazu führen, dass Ihr Kind eine Weile keine rechte Lust mehr auf Kita hat.

gut Sie die Erfolgsaussichten halten und wie sehr Ihr Kind unter der aktuellen Situation leidet. Eine mögliche Konsequenz des »Dauer-Ärgers« ist der Kita-Wechsel. Wenn es allerdings um Dinge geht, die vor allem Sie und weniger Ihr Kind stören, sollten Sie sich gut überlegen, ob es sich dafür lohnt, Ihrem Kind einen Kita-Wechsel zuzumuten.

Ihrem Kind passt etwas nicht
Ihr Kind will morgens plötzlich nicht mehr in die Kita gehen, unter Tränen fleht es Sie an, dass es zu Hause bleiben darf, beim Verabschieden in der Kita weint es herzzerreißend und will, dass

Dem Kind eine Pause gönnen
Meistens hilft ein Stück mehr Zeit und Aufmerksamkeit von Ihnen. Am besten Sie behalten Ihr Kind ein, zwei Tage zu Hause und gönnen ihm eine kleine Auszeit, und wenn das nicht möglich ist, dann können Sie es vielleicht einrichten, Ihr Kind an zwei, drei Tagen früher von der Kita abzuholen. Meist kehrt nach einigen Tagen »Heimurlaub« bzw. einer »Extraportion Aufmerksamkeit« die Lust auf die Kita wieder zurück und die Krise ist erfolgreich überwunden.

Wenn Angst die Ursache ist Manchmal gibt es aber auch Ursachen für die Kita-Unlust, die sich nicht einfach mit ein bisschen mehr Aufmerksamkeit und Zeitablauf beheben lassen. Hat Ihr Kind vor etwas Angst – beispielsweise vor einem anderen Kind in der Kita-Gruppe, das immer kratzt oder beißt, oder vor der lauten Baustelle auf dem Kita-Gelände –, dann braucht es umgehend konkrete Unterstützung, von Ihnen und seinen Erziehern. In so einem Fall suchen Sie am besten direkt das Gespräch mit den Erziehern und besprechen gemeinsam, wie Sie Ihrem Kind in der Situation helfen können.

Und was, wenn Ihnen etwas nicht passt?

Man kann als Eltern mit allem Möglichen in der Kita unzufrieden sein. Schaut man sich allein mal im Internet in den Foren um, dann liest man von jeder Menge Vorkommnissen, die bei Eltern – meist zu Recht – heftiges Entsetzen und Ärger hervorrufen. Schließlich geht es um das Wohl ihres Kindes, und wenn Eltern dies gefährdet sehen, lässt sie das regelmäßig an die Decke gehen und manchmal auch verzweifeln. Sind sie doch meistens auf den Kita-Platz angewiesen und können nicht ohne Weiteres Druck auf die Kita ausüben oder ihr Kind mal eben herausnehmen.

Gespräch mit den Erziehern suchen

Schon deswegen sollten Sie versuchen, einen Konflikt erst einmal in der Kita zu lösen, wenn nötig auf mehreren Ebenen. Die erste und beste Wahl ist da immer noch das offene Gespräch. Sind Sie unzufrieden mit dem Verhalten der Erzieher oder mit dem Vorgehen der Kita-Leitung, so sprechen Sie mit den Erziehern bzw. der Kita-Leitung. Besonders wenn sie emotional geladen sind, ist es wichtig, dass Sie sich auf das Gespräch vorbereiten und versuchen, nicht einen Haufen an Vorwürfen bei Ihrem Adressaten abzuladen, sondern erst einmal nur die aktuelle Begebenheit zu besprechen und Ihren Wunsch zum zukünftigen Vorgehen zu äußern.

Wenn die Fronten verhärtet sind Wenn die Fronten verhärtet sind und keine Lösung in Aussicht steht, macht es Sinn, sich an die Leitung bzw. den Träger zu wenden oder den Elternbeirat als Vermittler einzuschalten. Sie können sich auch in der Elternschaft umhören und schauen, ob es ähnliche Probleme bei anderen Familien gibt. Dann haben Sie die Möglichkeit, Ihr Anliegen gemeinsam vorzutragen.

Wichtig ist auch, dass man unterscheidet, ob es sich um ein Problem handelt, das nicht wirklich ein Problem ist, sondern vielmehr ein Wunsch nach Verbesserung oder ob es tatsächlich um ein echtes Problem geht in dem Sinne, dass Dinge passieren bzw. passiert sind, die Sie in keinem Fall tolerieren wollen bzw. können.

Wunsch nach Verbesserung

Ein Wunsch nach Verbesserung bzw. nach Veränderung besteht beispielsweise in den Fällen, wenn Sie – im Gegensatz zu den Erziehern bzw. zur Kita-Leitung – finden, dass

- die Kinder zu wenig rausgehen,
- zu wenig mit den Kindern unternommen wird,
- der Mittagsschlaf in der Kita zu lange ausfällt,
- Ihr Kind, wie zu Hause, auch in der Kita keine Windel mehr tragen sollte,
- Sie zu wenig von dem Kita-Alltag Ihres Kindes erfahren,

- Eltern in der Kita zu wenig oder gar nicht in Entscheidungen miteinbezogen werden
- oder dass Verbesserungsvorschläge nicht aufgegriffen und ernsthaft diskutiert werden.

So offen und positiv wie möglich Im Gespräch sollte Ihr Wunsch klar als Wunsch zu erkennen sein und sich nicht als Vorwurf tarnen. Von Vorteil ist, wenn Sie erklären, warum Ihnen die Veränderung so wichtig ist. Auch wenn für Sie Sinn und Zweck auf der Hand liegen – eine Fachkraft kann eine ganz andere Sicht der Dinge haben und ihre Interessenslage ist manchmal auch eine ganz andere. All das ist wichtig, damit ein Dialog entsteht und so wenig wie möglich Abwehr aufgebaut wird – klar, wer möchte schon in seiner Arbeit kritisiert werden. Und erst recht nicht von jemandem, der kaum mal ein nettes Wort der Anerkennung und Wertschätzung über die Lippen bekommt (damit sind natürlich nicht Sie gemeint!). Wie bei jeder menschlichen Kommunikation muss auch hier (also zwischen Ihnen und dem Kita-Personal) erst einmal die Beziehungsebene stehen, bevor sachliche Kritik überhaupt Chancen hat, aufgenommen zu werden.

Unterschiedliche Ansichten

Ein wenig anders verhält es sich bei Problemen, die mit dem Verhalten oder der Entwicklung Ihres Kindes im Zusammenhang stehen. Manchmal ist es so, dass Eltern und Erzieher unterschiedliche Ansichten dazu haben, wie ein Kind in der Gruppe integriert ist, wie es um seine Entwicklung steht oder ob sein Temperament noch zur Norm zählt oder nicht. Eltern sollten die Eindrücke und Anregungen der Erzieher immer als wertvolle Hinweise ernst nehmen. Allerdings sind und bleiben die Eltern sowohl die Experten als auch die Erziehungsberechtigten für ihr Kind. Sie bestimmen daher auch, ob und welche Maßnahmen an ihrem Kind durchgeführt werden. Lassen Sie sich an dieser Stelle nicht so leicht unter Druck setzen.

Was gar nicht geht

Noch einmal anders sieht die Sache aus, wenn Sie von Begebenheiten erfahren, die Sie in keiner Weise hinnehmen können – auch wenn Ihr Kind bisher darunter nicht gelitten hat oder es zumindest nicht zeigt. Das wären beispielsweise Fälle, in denen Erzieher ihre Aufsichtspflicht nicht wahrnehmen, wenn das körperliche und seelische Wohl Ihres Kindes verletzt wurde oder auch wenn Erzieher Erziehungsmaßnahmen anwenden, die sich nicht mit Ihren Werten vereinbaren lassen. Hier haben Sie das Recht und die Pflicht, sofort einzugreifen und darauf zu bestehen, umgehende Veränderungen oder Maßnahmen einzuleiten. Ob Sie sich dabei an die Erzieher, die Kita-Leitung oder an den Träger wenden, entscheiden Sie je nach Fall.

Kranke Kinder und andere Sorgen

Krankheit, Unfälle, aber auch Sorgen um die kindliche Entwicklung – alles Dinge, auf die man als Eltern gerne verzichten würde. Aber auch sie gehören zu unseren Kindern wie Smartieskuchen zum Kindergeburtstag. Und auch in der Kita bleibt man von diesen Themen nicht verschont – vor allem der Dauerbrenner »Kind ist krank« hält die Eltern eines Kita-Kindes ordentlich auf Trab.

Krankes Kind trotz Job

Das ständige Kranksein kann Eltern an den Rand eines Nervenzusammenbruchs bringen – bedeutet es doch meistens, dass das Kind nicht in die Kita kann. Neben der vollumfänglichen Rund-um-die-Uhr-Dauerpflege des kranken Kindes müssen sie zuschauen, wie sie ihre Arbeit trotz der vielen Ausfallzeiten organisiert bekommen.

Krankengeld von der Krankenkasse In der Regel ist es so, dass Arbeitnehmer fünf Tage im Jahr von der Arbeit bezahlt freigestellt werden, wenn ihr Kind krank ist (belegt durch ärztliches Attest) und sie es zu Hause betreuen müssen. Dieser gesetzliche Anspruch kann allerdings durch einen Tarifvertrag oder Arbeitsvertrag eingeschränkt oder auch ausgeschlossen werden. Ist man jedoch in einem solchen Fall gesetzlich versichert, besteht ein Anspruch auf unbezahlte Freistellung von der Arbeit und man erhält ein Krankengeld von der Krankenkasse. Dieser Anspruch besteht dann für jedes Kind pro Jahr sogar für 10 Tage (maximal jedoch 25 Tage), Alleinerziehende können 20 Tage pro Jahr Krankengeld beziehen. Sind beide Eltern Kassenpatienten, dürfen sie sich die Fehltage gegenseitig übertragen. Und Selbstständige? Die müssen schauen, wie sie das alles selbstständig regeln – inklusive der Finanzen.

Schniefnasen und Hustelinchen

Besonders in der kalten Jahreszeit grassieren die üblichen Erkältungskrankheiten und das machen sie besonders gerne und gut in Kitas. Nicht nur, dass die Viren bei der Kälte länger überleben – sie breiten sich auch hervorragend aus, wenn man mit vielen Menschen in geschlossenen Räumen Zeit verbringt. Da haben die Erreger in Kitas natürlich leichtes Spiel. Es ist also kein Gerücht, wenn man sagt, dass Kita-Kinder im Schnitt häufiger krank sind als Kinder, die hauptsächlich den Kontakt zu Mama und Papa pflegen. Bei einem kleinen Kita-Kind können schon mal bis zu 13 Infekte in der Saison zusammenkommen. Aber die gute Nachricht ist: Je stärker und kompetenter das Immunsystem wird (also mit zunehmendem Alter), desto besser kann sich der Körper gegen die Erreger wehren und die Kinder werden seltener krank.

Ein krankes Kind sollte daheim bleiben

Hat sich ein Kind einen grippalen Infekt (also eine Erkältung) eingefangen, sollte es nicht die Kita besuchen – zumindest nicht in den ersten ein bis zwei Tagen nach Ausbruch des Infekts. Zum einen,

Lotta wird von Emil gebissen

Gestern ist Lotta zum zweiten Mal mit einem deutlichen Gebiss-abdruck auf ihrem Unterarm von der Kita nach Hause gekommen. Und schon wieder war es dieser Emil.

Katrin ist sauer – weder Anja noch Elke hatten ihr beim Abholen von dem Vorfall erzählt. Von Lotta hat sie erfahren, dass sie schon wieder von Emil gebissen wurde und sie ganz doll geweint hat. Auch eine andere Mutter hatte Katrin davon erzählt, dass Emil die Kinder häufig beißt. »Was ist nur in Emil gefahren? Wild war er ja schon immer, aber dass er andere Kinder beißt … Ich rufe jetzt Emils Eltern an – so geht das nicht weiter!« Katrin greift zum Telefon. »Willst du nicht erst einmal die Erzie-herinnen darauf ansprechen, bevor du Emils Eltern anrufst? Vielleicht haben die ja schon mit denen gesprochen?«, sagt Christian. Wahrscheinlich ist es wirklich besser, zunächst mal Anja oder Elke auf den Vorfall anzusprechen.

Wie soll es weitergehen?

Als Katrin am nächsten Tag Lotta zur Kita bringt, spricht sie Elke auf den Vorfall an. Elke entschuldigt sich, dass weder sie noch Anja gestern beim Abholen von dem Biss berichtet haben – das sei wohl im Abhol-Getümmel untergegangen. Emil hatte Lotta nach dem Mittagessen gebis-sen, weil er eine Decke haben wollte, die aber gerade Lotta hatte: »Anja hat Lotta getröstet und Emil deutlich gemacht, dass es nicht geht, dass er anderen Kindern weh tut.« Katrin ist noch nicht so recht zufrieden mit der Antwort: »Wie soll es denn weitergehen? Schließlich beißt Emil ja momentan häufiger zu! Dar-über muss man doch auch mal mit Emils Eltern sprechen!«

Beißen als Ausdruck von Frust Elke erzählt, dass sie vor Kurzem ein Gespräch mit Emils Eltern geführt hat. »Ich glaube, dass Emil eigentlich einfach nur dazugehören möchte, aber mit seiner ungestümen Art nicht so gut ankommt. Emils Eltern sind derselben Meinung. Das Beißen ist wahrscheinlich oft Ausdruck von Frust und manchmal auch ein unglücklicher Weg, um die volle Aufmerksamkeit zu bekommen. Er muss gerade lernen, dass er auf diese Art und Weise sein Ziel nicht erreicht und dass es andere Verhaltensweisen gibt, die zum Erfolg führen.«

Ein Treffen mit Emil

Elke schlägt vor, dass Emil sich mal mit Lotta verabredet – gemeinsam mit den Eltern. Emils Eltern würden sich sicher freuen und Emil würde es ganz bestimmt guttun, eine Verabredung zu haben. Katrin ist überrascht. Auf die Idee wäre sie nicht gekommen, denn so hatte sie das ganze noch nicht betrachtet. Aber warum eigentlich nicht? Schließlich ist es ja auch für Lotta gut, wenn Emil und Lotta sich näher kennenlernen und sich anfreunden.

damit sich die anderen Kinder möglichst nicht anstecken, zum anderen, damit das Kind selbst die notwendige Zuwendung, Ruhe und Behandlung erhält, um bald wieder gesund zu sein. Natürlich ist das nicht immer so einfach mit der Lebensrealität der Eltern zu vereinbaren.

Trotz Rotznase in die Kita Viele Kitas schreiben genau vor, wann das Kind nach einer Erkrankung wieder die Kita besuchen darf. In der Regel wird z.B. verlangt, dass das Kind seit 24 Stunden fieberfrei ist. Hat Ihr Kind keinen allzu starken Husten und ist es ansonsten fit, können Sie es – trotz Rotznase – in die Kita schicken. Sonst wäre es im Winter wohl die meiste Zeit zu Hause. Ob die Erzieher Ihrem Kind Medikamente verabreichen dürfen, bestimmen die einzelnen Kitas selbst. Einige machen es, andere grundsätzlich nicht.

Erkrankt Ihr Kind in der Kita – es bekommt z.B. Fieber, hustet stark oder erbricht sich –, muss es so schnell wie möglich abgeholt werden. Eine Bezugsperson sollte also immer auf Abruf verfügbar sein. Wenn beide Eltern gerade auf Dienstreise sind und keine Oma vor Ort ist, ist das natürlich schwierig.

Andere Infektionskrankheiten

Aber nicht nur die klassischen Erkältungskrankheiten können sich in der Kita schnell verbreiten. Auch Durchfallerkrankungen, Parasiten wie beispielsweise Läuse – der Horror jeder Mutter, aber gut behandelbar! – oder typische Kinderkrankheiten (Drei-Tage-Fieber, Masern, Mumps, Röteln, Windpocken, Scharlach usw.) gehen im Nu von einem zum anderen Kita-Kind über. Daher macht es mehr als Sinn, sein Kind gegen die üblichen Kinderkrankheiten impfen zu lassen, bevor es mit der Kita startet.

Läuse und Co. Ist ein Kind an einer solchen, meist hoch ansteckenden Infektion erkrankt oder ist sein Kopf von Läusen befallen, so darf es natürlich nicht die Kita besuchen und seine Eltern müssen die Kita umgehend über die Art der Erkrankung informieren. Die Kita wiederum hat die Pflicht, alle anderen Eltern darüber in Kenntnis zu setzen, sodass alle vorgewarnt sind und eine weitere Verbreitung verhindert bzw. eingeschränkt werden kann. Bei bestimmten Krankheiten verlangen die Kitas eine Gesundschreibung vom Arzt, bevor das Kind wieder in die Kita kommen darf.

Wenn ein Unfall passiert

Leider kann es auch in der Kita passieren, dass Ihr Kind einen Unfall hat. In Kitas gibt es ausgebildete Ersthelfer, die im Notfall Erste Hilfe leisten können. Die müssen dann auch entscheiden, ob es ausreicht, Sie zu kontaktieren, ob das Kind außerdem auf direktem Wege ins Krankenhaus gebracht werden muss oder ob die Notwenigkeit besteht, umgehend die ärztliche Notversorgung zu rufen. Glücklicherweise stellen sich die meisten Unglücke (die insgesamt gesehen eher selten auftreten) als weniger schlimm heraus, als sie manchmal auf den ersten Blick erscheinen. Hat nach einem Unfall in der Kita eine ärztliche Versorgung stattgefunden, muss der Unfall der Unfallkasse gemeldet werden, da die gesetzliche Unfallversicherung die Kosten für notwendige Behandlung in diesem Fall übernimmt.

Entwicklungsverzögerungen

Dass jedes Kind sein eigenes Entwicklungstempo hat, ist klar. Das eine ist sprachlich schon unheimlich früh fit, dafür in seinen sozialen Kompetenzen etwas hinterher. Das andere kann sich wunderbar bewegen, spricht aber mit drei Jahren kaum einen verständlichen

Chronisch kranke Kinder

Kinder, die Allergiker sind, bestimmte Nahrungsmittel nicht vertragen oder eine andere chronische Erkrankung wie z. B. Asthma oder Diabetes haben, können wie jedes andere gesunde Kind eine reguläre Kita besuchen. Genauso wie Kinder mit angeborenen Herzfehlern, Erkrankungen der Atemwege und anderen Behinderungen. Da diese Kinder aber in der Regel mehr Aufmerksamkeit und Fürsorge benötigen, muss die jeweilige Einrichtung die personelle Kapazität sowie das Know-how haben. Vor allem integrative Kitas können das bieten – aber auch engagierte »normale« Kitas entscheiden sich immer wieder dazu, ein Kind mit erhöhtem Förderbedarf weiter zu betreuen, wenn der Bedarf erst während der Kita-Zeit festgestellt wurde.

Satz. Das muss nicht immer gleich eine Entwicklungsverzögerung bedeuten. Unter einer Entwicklungsverzögerung

Die dauerkranke Lotta

Im ersten Kita-Jahr kam Lotta aus dem Kranksein kaum heraus. Gefühlt war sie zumindest genauso oft krank wie gesund. Katrin und Christian waren streckenweise total verzweifelt ...

Lotta hatte im ersten Kita-Jahr außer Scharlach und Läusen wirklich alles mitgenommen, was es in der Kita an Krankheiten gab. Drei-Tage-Fieber, Mittelohr- und Bindehautentzündungen, diverse Magen-und-Darm-Infekte und natürlich etliche Erkältungen inklusive heftigstem Husten und Fieber. Auch Katrin ist von vielen dieser Krankheiten nicht verschont geblieben. Sie war im letzten Jahr insgesamt zwölf Tage krankgeschrieben (das ist für Katrin viel) plus zehn Tage Krankschreibung für die Betreuung von Lotta. Zum Glück hat sie das mit der Arbeit irgendwie hinbekommen. Man kann sich ja schon denken, wie: Wochenend- und Nachtarbeit, Überstunden, sodass ihr Chef wirklich keinen Anlass zum Meckern hatte.

Sogar die Großeltern pflegen Lotta

Christian hingegen ist wie der Fels in der Brandung. Nur einmal hatte auch ihn ein Infekt erwischt. Ansonsten blieb aber auch er an sechs Tagen der Arbeit fern, weil er sich um die kranke Lotta kümmern musste. Und zusätzlich waren auch die Großeltern oft genug im Lotta-Pflege-Einsatz ...

Ist Lotta schon fit genug? Und immer wieder die Frage: Können wir Lotta schon wieder in die Kita schicken? Oft wäre es wahrscheinlich besser gewesen, sie noch ein, zwei Tage zu Hause zu behalten – aber die Arbeit ... Klar, wenn Lotta Fieber hatte, musste sie 24 Stunden fieberfrei sein, bevor man wieder an Kita denken konnte. Wenn sie dann aber außer Husten, Schnupfen oder noch ein wenig Schlappheit nichts mehr hatte, brachten sie Katrin und Christian meistens schon wieder in die Kita zu den Marienkäfern – natürlich nicht ganz ohne Gewissensbisse.

Mehr Zeit zum Auskurieren?

Katrin und Christian fragen sich manchmal schon, ob Lotta nicht so oft krank gewesen wäre, wenn sie ihr mehr Zeit zum Auskurieren gegeben hätten? Wer weiß. Es ist nicht leicht, Arbeit und Kind und alles andere unter einen Hut zu bekommen. Das Beruhigende war aber immer, dass Katrin und Christian genau wussten, dass Lotta sich bei Anja und Elke in den besten Händen befand und dass die beiden sich sofort meldeten, wenn Lottas Zustand sich irgendwie verschlechterte.

Im zweiten Kita-Jahr geht's bergauf Das zweite Kita-Jahr läuft zum Glück in Sachen Gesundheit viel besser! Lotta hat sich anscheinend eine ordentliche Abwehr gegen Krankheitserreger zugelegt. Jetzt ist Frühling und sie war bisher nur zwei Mal erkältet und das nicht einmal besonders stark!

Ene mene muh, daheim bleibst du... ☐ Papa ☐ Mama

versteht man, dass ein Kind deutlich in seiner körperlichen, geistigen oder seelischen Entwicklung hinterherhinkt und spezieller Förderung bedarf. In einer guten Kita werden Eltern von den Erziehern darauf hingewiesen, dass ihr Kind in einem Entwicklungsbereich eindeutige Defizite aufweist. Auch das heißt noch nichts. Wichtig ist, dass sie diesen Verdacht von einem (oder am besten einem Team von) Experten (je nachdem um welchen Entwicklungsbereich es sich handelt) untersuchen lassen.

Förderung in integrativer Kita Wird bei Ihrem Kind eine Entwicklungsverzögerung festgestellt, kann es einen Integrationsstatus zugesprochen bekommen und hat somit ein Recht auf verstärkte Förderung in der Kita. In der Regel müssen Sie dazu einen Antrag auf erhöhten Förderbedarf stellen. Es gibt Kitas, die einen Schwerpunkt in der integrativen Arbeit haben. Dort verfügen die Erzieherinnen (oder zumindest einige von ihnen) über eine zusätzliche Ausbildung zur Fachkraft für Integ-

ration. Der Betreuungsschlüssel ist in diesen Kitas um einiges günstiger und Kinder mit Integrationsstatus erhalten die Aufmerksamkeit und Förderung, die sie brauchen.

Förderung in nicht spezialisierter Kita Aber eine Förderung ist natürlich auch in einer nicht integrativen Kita möglich – wenn die Erzieher und die Kita-Leitung mitmachen. Besonders bei den häufig vorkommenden sprachlichen Entwicklungsverzögerungen kann ein Kind meist ohne großen Aufwand auch in einer nicht spezialisierten Kita gefördert werden. Vor allem sollten die Erzieher mit so einem Kind viel reden und ihm geduldig zuhören. Wichtig ist auch, dass Kinder mit sprachlichen (oder auch sonstigen Defiziten) in ihren Stärken gesehen werden, sodass sie nicht immer nur als »der, der nicht richtig reden kann« dastehen. Zudem muss ein Kind, das entwicklungsverzögert ist, natürlich von einschlägigen Experten wie z. B. von Logopäden, Ergo-, Physio- oder Psychotherapeuten behandelt werden.

Typische Kita-Krankheiten bzw. störende Mitbewohner

Erkrankung	Symptome	Wann darf das Kind wieder in die Kita?
Erkältung bzw. grippaler Infekt (durch Viren)	Schnupfen, leichte Halsschmerzen, Husten, manchmal Fieber	Sobald es dem Kind gut geht, es fieberfrei ist und nicht zu stark hustet und schnupft, kann es wieder in die Kita.
Mittelohrentzündung (durch Bakterien oder Viren)	Erkältung seit ein paar Tagen, heftige Ohrenschmerzen, Fieber, bei sehr kleinen Kindern Bauchschmerzen, manchmal Durchfall	Es sollte keine Schmerzen und kein Fieber mehr haben und sich körperlich fit fühlen (das ist meist nach drei bis vier Tagen der Fall).
Magen-Darm-Infekt (meist durch Rota- oder Noro-Viren)	Bauchschmerzen, Durchfall und/oder Erbrechen, manchmal Fieber	In der Regel dauert die hoch ansteckende Erkrankung zwei bis vier Tage. Ansteckend ist man allerdings oft noch weit über die Symptomphase hinaus. Es ist trotzdem üblich, Kinder nach Abklingen der Symptome wieder in die Kita zu schicken. Umso wichtiger: auf Hygiene achten!
Bindehautentzündung (durch Bakterien oder Viren)	Fremdkörpergefühl im Auge, Brennen, Jucken und Tränen der Augen, gerötete und geschwollene Augen, manchmal Eiterbildung	Bei bakterieller Bindehautzündung und entsprechender Behandlung kann das Kind nach zwei bis drei Tagen wieder in die Kita. Sind Viren für die Entzündung verantwortlich, muss man länger abwarten (zehn bis 14 Tage).

Erkrankung	Symptome	Wann darf das Kind wieder in die Kita?
Dreitagefieber (durch Viren)	Drei Tage scheinbar grundloses hohes Fieber, anschließend kleinfleckiger, blasser Hautausschlag	Sobald der Ausschlag auftritt, besteht keine Ansteckungsgefahr mehr. Das Kind kann also, sobald es wieder fit ist, in die Kita.
Hand-Mund-Fuß-Krankheit (durch Viren)	Fieber, Hautausschlag mit anschließender Bläschenbildung an den Handinnenflächen, Fußsohlen, am Gesäß und an der Mundschleimhaut, die besonders schmerzhaft sind	Die Hand-Mund-Fuß-Krankheit ist hoch ansteckend. Es dauert acht bis zwölf Tage, bis diese Krankheit ausgestanden ist. Nachdem die Bläschen abgeheilt sind, ist das Kind auch nicht mehr ansteckend.
Scharlach (durch Bakterien)	Plötzliches hohes Fieber, Kopf- und Halsschmerzen, bei kleinen Kindern auch Bauchschmerzen. Hochroter Rachen und Zäpfchen, eitrige Beläge auf Mandeln, geschwollene Halslymphknoten, Zunge anfangs gelb-weißlich belegt, dann rot (Himbeer- oder Erdbeer-Zunge), Hautausschlag, Gesicht gerötet, um den Mund herum blass	Maximal 48 Stunden nach Antibiotikagabe ist Scharlach ansteckend, unbehandelt mehrere Wochen. Sobald sich das Kind dann wieder wohlfühlt, kann es in die Kita.
Windpocken (durch Viren)	Etwas Fieber, juckender Hautausschlag, der sich zunächst in Knötchen, dann in Bläschen verwandelt	Windpocken sind äußert ansteckend und da viele dagegen nicht geimpft sind, kommt es immer wieder zu kleineren Epidemien in der Kita. Es dauert ungefähr zehn

Erkrankung	Symptome	Wann darf das Kind wieder in die Kita?
		Tage (manchmal auch deutlich länger), bis das letzte Bläschen eingetrocknet ist – dann besteht keine Ansteckungsgefahr mehr und bei gutem Allgemeinbefinden kann das Kind wieder in die Kita.
Ringelröteln (durch Viren)	Leichtes Fieber, manchmal Kopf- und Muskelschmerzen, später Hautausschlag, beginnend an den Wangen, dann auf dem ganzen Körper. Manchmal auch gar keine Symptome	Ringelröteln sind ansteckend bis zum Auftreten des Ausschlags. Kinder werden von der Krankheit kaum beeinträchtigt, sie ist aber gefährlich für ungeborene Kinder (also Schwangere!).
Läuse (Parasiten)	Juckreiz am Kopf, vor allem hinter den Ohren und am Übergang zwischen Hinterkopf und Nacken, nässende Wunden an der Kopfhaut, weißliche, schuppenähnliche Nissen an den Haaren, vor allem in der Nähe der Kopfhaut.	Nach wirksamer, meist einmaliger Kopflausbehandlung darf das Kind wieder in die Kita. Nach ca. einer Woche muss meist noch einmal nachbehandelt werden.
Madenwürmer (Parasiten)	Nächtlicher Juckreiz in der Analgegend, Schlafstörung durch Juckreiz, bei Mädchen manchmal Entzündung der Scheide, im Stuhl befinden sich ca. 1 cm lange, weißliche, fadenförmige Würmer	Bei strikter Einhaltung bestimmter Hygienemaßnahmen sind die Madenwürmer nach zwei Wochen verschwunden. Behandelt man die Würmer zudem medikamentös, kann das Kind meist nach Beginn der Behandlung wieder in die Kita.

Lotta gehört jetzt zu den Großen

Die Kleinkindzeit ist vorbei – auch im Kita-Alltag. Windeln und Mittagsschlaf sind Schnee von gestern. Action ist nun angesagt!

Mehr können, mehr dürfen, mehr leiden

Ihr Kind kann schon ganz gut sprechen, es hüpft, klettert, es baut und malt immer mehr und es will alles ganz genau wissen. Es braucht jetzt mehr Futter!

Ist ein Kind ca. drei Jahre alt, findet in der Regel ein Wechsel von der Kinderkrippe in den Kindergarten statt. Auch wenn es nicht die Gruppe oder die Einrichtung wechselt (wie z. B. in einer altersgemischten Gruppe), so hat dieses Kindergartenkind doch noch einmal andere Bedürfnisse als ein Krippenkind. Oder besser gesagt, die Prioritäten verschieben sich. Weil Kindergartenkinder schon eine Menge können, recht selbstständig und wissensdurstig sind, wollen sie einfach mehr erfahren und erleben.

Auch Große brauchen Rückhalt Einfühlsame Erzieher sind natürlich auch für große Kita-Kinder von großer Bedeutung – da sie aber zunehmend Interesse für (plus/minus) Gleichaltrige entwickeln und zu ihnen Kontakte knüpfen, rücken die Erzieher im Alltag aus der Sicht der Großen stärker in den Hintergrund. Tatsächlich aber haben sie deren Rückhalt noch bitter nötig – das Mehr an sozialen Beziehungen bringt auch einiges an Konfliktpotenzial mit sich … Und nicht zu vergessen – die Erzieher sind und bleiben auch immer noch wichtige Vorbilder im Alltag.

Eingewöhnung muss sein Ist mit dem Kindergarten-Start ein Einrichtungs- oder auch nur ein Gruppenwechsel

wenn das Kind schon über Kita-Erfahrung verfügt. In der Regel orientieren sich auch die Kindergärten am Berliner Eingewöhnungsmodell.

An der längeren Leine

Unsere große Tochter geht in einen Kinderladen, in dem Kinder im Alter von drei bis sechs Jahren betreut werden, und unsere Kleine besucht eine Tagesgroßpflege, in der knapp Ein- bis zu Dreijährige miteinander spielen. In diesen beiden Kitas herrscht eine komplett andere Atmosphäre. Die »kleine« Kita ist beschaulich, sie wirkt auch im bespielten Zustand immer recht aufgeräumt, und selbst wenn ich mal beim Abholen mitbekomme, dass getobt wird, dann hat das eher etwas Drolliges und erscheint in keiner Weise ungestüm oder womöglich aggressiv. Meistens ist es aber so, dass jedes Kind mit irgendetwas beschäftigt ist (meist mit sich selbst, vielleicht noch mit einem Spielzeug), oder es wird gemeinsam mit den Erzieherinnen gemalt, gepuzzelt oder Musik gehört. Spiele in kleineren oder größeren Gruppen, überhaupt ein intensives Miteinander findet dort weniger statt.

innerhalb der Kita verbunden, bedeutet das, dass Ihr Kind wieder frisch eingewöhnt werden muss. Das heißt, Sie müssen Ihr Kind beim Einstieg für eine gewisse Zeit begleiten. Auch wenn es schon Kita-Erfahrung hat oder seine zukünftige Gruppe sogar kennt, muss es zunächst einmal eine tragfähige Beziehung zu den neuen Erziehern aufbauen, die neue Umgebung und die neue Gruppe kennenlernen und es muss sich mit den neuen Regeln vertraut machen. Oft – aber keineswegs immer – ist es so, dass die Eingewöhnung in den Kindergarten schneller und reibungsloser verläuft als die Eingewöhnung in der Krippe – vor allem,

Große Kinder brauchen Raum und Möglichkeiten

In der Kita der Großen herrscht ein ganz anderer Wind oder besser gesagt eine komplett andere Dynamik. Komme ich etwas früher und es wurde noch nicht aufgeräumt, scheint nahezu kein Gegenstand an dem vorgesehenen Ort zu sein. Alle möglichen Szenarien sind zu beobachten: z. B. Kinder, die gemeinsam Papierflieger basteln und diese fliegen lassen, Kinder, die in einer selbst gebauten Höhle hocken und dort geschmuggelten Proviant verzehren, Kinder, die in der Puppenecke sitzen und Vater, Mutter, Kind spielen, oder Kinder, die das nächste Spiel verhandeln oder auch lautstark einen Konflikt austragen. Entscheidend ist – meistens machen die Kinder dort irgendetwas zusammen. Und das führt zwangsläufig zu mehr Ausdruck. Die Aufgabe einer Kita für »Große« ist es, ihnen viel Raum und Möglichkeiten zu bieten, damit sie ihre Ideen verwirklichen und möglichst viel von dem, was in ihnen steckt, zum Ausdruck bringen können.

»Ich will und ich darf!«

Kindergartenkinder brauchen mehr Freiheiten und mehr Gelegenheit zur Mitbestimmung als Krippenkinder. Mitbestimmung und Freiheit sind keine Rechte, die Kinder im Alter von drei Jahren von heute auf morgen zugesprochen bekommen. Sie gelten selbstverständlich schon für Babys und werden nach und nach altersentsprechend bzw. entwicklungsgerecht ausgeweitet. Schon Babys und Kleinkinder sollten erfahren, dass ihre Bedürfnisse, Interessen und Sichtweisen respektiert werden. Nur so entwickeln Kinder ein Gefühl dafür, was sie wollen und was sie brauchen. Und je älter ein Kind ist, umso mehr kann es über sich selbst bestimmen und in den Angelegenheiten, die es betreffen, mitentscheiden und mitbestimmen.

In der Kinderkrippe sieht die Realität oft so aus, dass allein die Erzieher festlegen, wie etwas läuft. Sie definieren die Gruppenregeln, sie bestimmen über den Mittagsschlaf und die angemessene Kleidung, sie tun den Kindern die Speisen auf den Teller und sie planen die Aktivitäten. Das muss so nicht sein. Schon in der Krippe kann es Mitbestimmung geben. Ist aber sicherlich mit einem höheren Aufwand für die Erzieher verbunden, der bei der oft geringen Personalausstattung eher gemieden wird.

Selbst ist das Kindergartenkind Spätestens im Kindergarten aber sollten Kinder mehr selbst- und mitbestimmen dürfen und tagtäglich erfahren, was einen demokratischen Umgangsstil ausmacht – wie handelt man Entscheidungen aus, was bedeutet gegenseitige Wertschätzung, wie äußere ich Kritik und wie nehme ich sie an etc. Konkret sieht das dann so aus, dass Kindergartenkinder z. B. gemeinsam mit den Erziehern ihre Gruppenregeln festlegen, Aktivitäten planen, Räume gestalten und selbst entscheiden, ob sie Mittagsschlaf machen, den dicken Pulli anziehen oder was und wie viel sie essen.

Input bringt frischen Wind

Neben mehr Freiraum sollte die Kita den Größeren auch mehr Aktivitäten bieten. Das heißt nicht, dass jeden Tag etwas Besonderes auf der Tagesordnung stehen muss. Auch für die Großen gilt, dass sie nicht dauerbeschäftigt werden müssen, sondern viel Raum und Gelegenheit für freies Spiel haben sollten. Und doch brauchen sie regelmäßig frischen Input. Ausflüge in den Wald, den Zoo, ins Schwimmbad, zu einem Erlebnisspielplatz, ins Museum oder ins Theater – das sind typische Aktivitäten, die man mit Kindergartenkindern hin und wieder mal unternehmen sollte.

Mama oder Papa kommt mit Haben Sie den Eindruck, dass die Gruppe Ihres Kindes zu wenig unternimmt? Dann könnte es unter Umständen helfen, wenn Sie den Erziehern anbieten, die Kinder bei ihrem Ausflug zu begleiten. Das ist ohnehin eine schöne Erfahrung: mitzubekommen, was die Kinder unternehmen und sein Kind innerhalb der Gruppe zu erleben.

Lernen: aktiv und selbstbestimmt

Aber auch Projekte lassen sich mit Kindergartenkindern hervorragend durchführen. Die Kinder setzen sich dabei über einen längeren Zeitraum hinweg zielgerichtet mit einem Thema aus ihrer Lebensrealität auseinander. Die Projekt-Themen orientieren sich im besten Fall an den aktuellen Interessen und Neigungen der Kinder – die Erzieher können sich aber auch bei der Projektauswahl z. B. von den Bildungsbereichen inspirieren lassen. Lernen in Projekten ist entdeckendes, forschendes und vor allem handlungsorientiertes Lernen. Bildungsinhalte werden nicht in die Kinder hineingefüllt. Die Kinder

Lotta steigt auf

Lotta ist gerade drei geworden und es steht der Wechsel in die Kindergarten-Gruppe an. Sie ist wahnsinnig stolz, dass sie nun bald zu den richtig Großen gehören wird!

Das Einzige, was Lotta ein wenig zu schaffen macht, ist, dass sie dann nicht mehr bei ihrer Anja in der Gruppe sein kann. Ihre neuen Erzieherinnen, Elsa und Jo, kennt sie schon und sie mag sie auch – aber Anja ist nun mal Anja. Ihre neue Gruppe heißt »Strolche« und Lotta sagt beharrlich, wenn es darum geht, dass sie in Kürze zu den Strolchen wechselt: »Und Anja wechselt auch!«.

Lotta muss Anja zurücklassen

Christian und Katrin erklären Lotta dann immer, dass Anja bei den Marienkäfern bleiben muss, dass Lotta Anja aber ab und zu besuchen gehen kann, wenn sie sie doll vermisst. Schließlich sind die Marienkäfer nicht weit von den Strolchen entfernt. Um die Marienkäfer zu besuchen, muss Lotta nur vom 1. Stock ins Erdgeschoss gehen. Ja, Lotta steigt jetzt auf, da die Großen im 1. Stock hausen. Das findet Lotta wiederum klasse!

Verabschiedung Heute werden Lotta und ihre Freundin Lisa bei den Marienkäfern verabschiedet. Ab nächster Woche sind Lotta und Lisa dann waschechte Strolche! Aber schon heute können die beiden Mädchen bei den Strolchen reinschnuppern. Immer, wenn ein Kind von einer Krippen-Gruppe in eine Kindergarten-Gruppe wechselt, gibt es das Ritual, dass die Großen nach dem Mittagessen in einer Polonaise zum Gruppenraum der »Kleinen« kommen und die zukünftigen

»Großen« abholen! Den Rest des Nachmittags dürfen die neuen Großen – wenn sie wollen – dann schon im Kindergarten verbringen. Lotta will natürlich bleiben, weil das auch bedeutet, dass sie keinen Mittagsschlaf machen muss! Lotta fühlt sich richtig groß!

Der Wechsel klappt prima

Als Katrin Lotta von der Kita abholt – sie ist extra etwas früher gekommen – nimmt sie eine glückliche, aber völlig fertige Lotta in Empfang. Lotta schafft es nicht mal mehr, das kurze Stück nach Hause zu laufen. Katrin muss sie tragen und es dauert keine drei Minuten, da ist Lotta auf Katrins Arm eingeschlafen.

Lottas neue Bezugserzieherin Der Wechsel zu den Strolchen klappt prima. Katrin hat sich für die Eingewöhnung extra zwei Wochen freigenommen, aber Lotta ist, ganz anders als bei ihrer ersten Eingewöhnung, nach einer Woche voll und ganz angekommen – auch ohne ihre Anja. Es sieht sogar fast so aus, als hätte Lotta bereits eine neue Lieblingserzieherin gefunden – Jo. Die fand Lotta schon toll, als sie noch bei den Marienkäfern war. Und ganz besonders ihre langen blonden Haare ...

zu den Großen

eignen sich das Wissen und die Fertigkeiten aktiv und selbstbestimmt an. Daher lernen sie dabei nicht nur viel über das behandelte Thema, sondern schulen auch ihre Kreativität und ihre kommunikativen und kooperativen Fähigkeiten.

Projekte von Anfang an mitgestalten

Wichtig ist immer, dass die Kinder das Projekt von Anfang an mitgestalten und auch ihr eigenes Wissen und ihre Erfahrungen miteinbringen. Bei altersgemischten Gruppen macht es Sinn, dass die Erzieher mit geteilten Gruppen arbeiten, sodass für jede Altersgruppe ein passendes Projekt ausgesucht werden kann.

»Ich bin verantwortlich!«

Mit dem Eintritt in den Kindergarten bzw. in das Kindergartenalter spielt auch das Thema Verantwortung übernehmen eine immer größere Rolle. In einigen Kitas bekommen die Kinder kleinere Dienste übertragen, die sie regelmäßig erledigen sollen, wie z. B. Tische abwischen, Fische füttern, Blumen gießen, einen bestimmten Bereich aufräumen, oder sie werden Pate eines neuen, jüngeren Kita-Kindes. So erfahren die Kinder, was es bedeutet, Vorbild zu sein, Wissen und Erfahrungen weiterzugeben und sich daran zu beteiligen, dass das Miteinander funktioniert.

Eine besondere Herausforderung für ein Kita-Kind ist es sicherlich auch, wenn sein jüngeres Geschwisterchen in dieselbe Kita-Gruppe kommt. Auch das ist ein hervorragender Anlass, Verantwortung zu übernehmen. Wobei die Erzieher ein Auge darauf haben müssen, dass sich das ältere Kind nicht zu sehr um das kleinere kümmert …

Zweite Mama im Kindergarten

Wie alle Bezugspersonen sind auch Erzieher Vorbilder für Kinder. Kindergartenkinder schauen sich eine Menge von den Großen ab und so manches schwärmt sogar regelrecht für seine Erzieherin. Vor ein paar Monaten sagte meine große Tochter zu mir, dass sie gerne zwei Mamas hätte. Mich natürlich und dazu noch ihre Erzieherin! Ich war begeistert! Und das meine ich ganz ernst – ein deutlicheres Zeichen dafür, dass sich meine Tochter in der Kita gut aufgehoben fühlt, gibt es wohl nicht. Und auch die Erzieherin meiner Tochter war gerührt und hat sich sehr gefreut, als ich ihr erzählte, was Selma gesagt hatte. Jede innige und vertrauensvolle Beziehung, die ein Kind zu einem Menschen aufbaut, ist Gold wert.

Mehr Männer in die Kita!

Oft wird die Frage gestellt, ob Kita-Kinder mehr männliche Erzieher brauchen – deutschlandweit liegt der Anteil männlicher Erzieher bei unter drei Prozent und das Familienministerium hat sogar ein eigenes Bundesprogramm aufgelegt, um mehr Erzieher in die Kitas zu locken. Besonders Jungs bräuchten Erzieher als Vorbilder für ihre Identitätsentwicklung und Rollenfindung. Allerdings gibt es keine Studien, nach denen das Geschlecht der Pädagogen eine relevante Rolle in der Kindesentwicklung spielt. Und wenn es um typische männliche Spiele oder Beschäftigungen geht – viele Erzieherinnen spielen heutzutage Fußball oder hantieren geschickt mit der Werkbank.

Kinder ohne Mann im Haus Trotzdem hätte es einige Vorteile, wenn mehr Erzieher in der Kita arbeiten würden. Kindern, die ohne Vater aufwachsen und sonst auch keine männlichen Bezugspersonen haben, tun männliche Erzieher sicher gut. Und außerdem lernen die Kinder dann auch, dass der Erzieherberuf nicht ausschließlich für Frauen bestimmt ist.

Die Macht der Peergroup

Wenn man dem Treiben einer Kindergarten-Clique zuschaut, merkt man schnell, dass sich dort schon genau die gleichen Dinge abspielen wie in jeder Schulkind- oder auch Erwachsenengruppe. Die Art der Kommunikation ist vielleicht noch nicht so subtil und geschickt wie bei den Größeren, aber die Motive, die dahinterstecken, sind die gleichen: Wer mag mich, wer mag mich nicht? Wer ist hier der Bestimmer, wer hat nichts zu sagen? Wer hat mehr, wer hat weniger (von was auch immer)? Wer kann etwas besser und wer kann es nicht?

Während diese Fragen die unter Dreijährigen noch recht wenig beschäftigen, werden sie mit zunehmendem Kindergartenalter immer bedeutender. Herzlich willkommen, Gruppendruck! Aber das ständige Vergleichen und das Ausloten der eigenen Stellung bringen ja nicht nur Nachteile mit sich – man findet heraus, wer man ist, wer die anderen sind und mit wem man gut zusammenpasst!

Dicke Freunde

Die meisten Kinder fangen im Kindergartenalter damit an, sich ein, zwei Kinder auszugucken, mit denen sie gerne spielen. Da sie allerdings noch recht egozentrisch veranlagt sind, sind sie immer nur dann Freund, wenn sie sich selbst nicht einschränken müssen. Aus diesem Grund sind diese Freundschaften meist noch sehr kurzlebig.

Je mehr Freunde, desto besser Je älter ein Kindergartenkind wird, umso mehr ist es in der Lage, für die Freundschaft auch mal kurzzeitig zurückzustecken. Das bedeutet z. B., nicht darauf zu bestehen, dass die eigene Spielidee als Erste verwirklicht wird, oder auch mal abzuwarten, bis der andere ausgeredet hat. Auf diese Weise wird eine Freundschaft widerstandsfähiger. Die Freunde helfen nun einander, sie tauschen Informationen aus und sie besprechen ausführlich, was nun wie gespielt wird. Oft ist es auch so, dass ein Kind unterschiedliche »Freunde« für unterschiedliche Spiele hat. Mit dem

einen kann man besonders gut Tierarzt mit den Kuscheltieren spielen, mit dem anderen besonders gut im Garten toben. Außerdem gilt: Je mehr Freunde man hat, desto anerkannter ist man in der Gruppe.

Wer hat das coolere Spielzeug?

Es gibt Kinder, die sind als Spielpartner besonders beliebt. Meistens sind es diejenigen, die besonders kreative Spielideen haben, durchsetzungsfähig sind oder attraktive Spielsachen von zu Hause mitbringen. Manchmal kann es auch dazu kommen, dass ein regelrechtes Spielzeugwettrüsten beginnt: Wer hat die cooleren Spielzeuge?! Freundschaft ist bei Kindern oft noch eng mit Konkurrenz verknüpft. Wenn ein Kind dann immer wieder neue, tolle Spielsachen mit in die Kita bringt, fühlen sich die anderen unter Zugzwang und brauchen dann auch ganz dringend dieses Einhorn, den bellenden Kuschelhund oder diesen Monstertruck. Man will ja mithalten können und vor allem dazugehören.

Spielzeugverbot: ja oder nein? An dieser Stelle müssen Erzieher und Eltern sich verständigen und den Kindern dabei helfen, aus dieser Spirale herauszukommen. Ein generelles Verbot, Spielzeug von zu Hause mitzubringen, ist da sicher zunächst einmal der naheliegende Weg. Allerdings »bestraft« man damit auch die anderen, die friedlich und gut mit ihren mitgebrachten Spielzeugen spielen. Vielleicht reicht ja auch ein spezielles Spielzeug-mitbring-Verbot, welches sich auf die Spielzeuge bezieht, die regelmäßig zu Streit und Auseinandersetzungen führen.

Gemeinsam sind wir stark!

Sind die Kinder dann fünf, sechs Jahre alt, kann eine Freundschaft auch zu einer emotional bedeutenden Beziehung heranreifen. Diese Freunde fühlen sich gemeinsam stärker, durchsetzungsfähiger und wichtiger. Sie haben Freude daran, etwas zusammen zu tun, und das gemeinsam Erlebte schweißt sie zusammen. Es werden Versprechen gegeben, Geheimnisse anvertraut und man tut dem Freund auch mal einen Gefallen. Es geht nicht mehr darum, möglichst viele Freunde zu haben, sondern im besten Falle einen Freund ganz für sich allein. Zieht dieser Freund allerdings weg oder geht in die Schule, während der andere noch in der Kita

bleibt, verkraftet die Freundschaft diese Trennung meist nicht und ein neuer, bester Freund tritt schon bald in Erscheinung.

Egal in welchem Freundschaftsstadium – Kinder sind füreinander sehr wichtige Vorbilder. Oft können sie voneinander gar nicht genug kriegen und wollen sich nach der Kita auch gleich noch für den Nachmittag verabreden. Wenn es nach ihnen ginge, hätten sie jeden Nachmittag ein Play-Date!

Mädchen sind doof – und Jungs auch!

Je älter die Kindergartenkinder sind, desto häufiger machen Mädchen und Jungen ihr eigenes Ding. Während dreijährige Mädchen und Jungen noch einträchtig miteinander spielen, toben und Quatsch machen, wird das nach und nach weniger. Besonders Jungs grenzen sich von den Mädchen ab und wollen hauptsächlich mit Jungs spielen. Mädchen spielen dann auch bevorzugt mit ihresgleichen, aber sie sind meist offener – das merkt man daran, dass Mädchen häufiger mal in einer Jungs-Clique mitmischen, aber andersherum nicht. Dabei sind die Jungs, die

Lottas beste Freundin

Lotta – mittlerweile vier Jahre alt – hat eine neue beste Freundin. Sie heißt Alara, ist fünf Jahre alt und geht in Lottas Kindergarten-Gruppe.

Seit einiger Zeit spielt Lotta sehr viel mit Alara. Lisa mag sie auch noch, aber das Spielen mit Alara ist oft viel spannender, vor allem weil sowohl Lotta als auch Alara gerade von einer großen Leidenschaft für Einhörner und Elfen besessen sind. Die beiden sind oft Stunden in ihr Spiel mit den Einhorn- und Elfenfiguren vertieft – da wird erst einmal ausgehandelt, wer wen sprechen darf, wie alt die einzelnen Protagonisten sind und wie der Verlauf der Geschichte gehen soll, bis es dann endlich losgeht. Auch im Spiel wird viel verhandelt, z. B. ob Glitzerschweif die Mama von Glitzerli sein soll oder doch eher Funkelgold? Oder ob Sternenflocke nun die Jüngste sein darf oder eben doch Wolki? Alles nicht so einfach!

Am liebsten jeden Tag!

Die beiden denken sich gemeinsam die tollsten Geschichten aus. Lotta und ihre beste Freundin sehen sich auch häufig noch nach der Kita. Am liebsten würden sie sich ständig verabreden. »Mama, kann ich mich heute mit Alara verabreden?«, sind oft die ersten Worte, die Katrin beim Abholen zu hören bekommt. Nach der Kita verabreden findet Katrin ja gut, aber zweimal die Woche reicht ihrer Meinung nach. Zumal Lottas Beziehung zu Alara nicht gerade spannungsfrei ist.

Streitobjekt Einhorn So gut sich die beiden verstehen, so gut streiten sie sich auch. Hauptkonflikt ist der, wer am meisten bestimmen darf. Und dadurch, dass

Alara die meisten Feen und Einhörner besitzt, sitzt sie oft am längeren Hebel. Das ärgert Lotta. Außerdem findet es Lotta total ungerecht, dass Alara immer so viele neue Spielsachen bekommt und sie nicht. Bis vor Kurzem war es so, dass Alara so gut wie zu jedem Spielzeugtag in der Kita ein neues Einhorn, eine neue Fee oder eine neue Feenkutsche präsentiert hat. Dann war Lotta immer total schlecht gelaunt und der Streit vorprogrammiert. Jetzt dürfen die beiden am Spielzeugtag erst mal keine Feen etc. mehr mitbringen. Trotzdem ist die Diskussion um die neuen Sachen nicht vom Tisch. Schließlich sehen sich die beiden oft am Nachmittag, und man kann ja auch erzählen, was man alles neu bekommen hat.

Warum kriegt Alara immer Geschenke?

Katrin und Christian erklären Lotta immer wieder, dass es – auch wenn es in Alaras Familie anders gehandhabt wird – in ihrer Familie nicht ständig Geschenke gibt. Lotta findet das blöd und ungerecht. Aber ihre Eltern geben die Hoffnung nicht auf, dass Lotta es irgendwann einmal lernt, nicht immer mit Alaras Spielzeug-Zuwachs mithalten zu müssen.

sich mal zu einem Vater-Mutter-Kind-Spiel in der Mädchen-Clique hinreißen lassen, der absolute Star! Treiben es die Jungs aber zu wild oder grenzen sie die Mädchen zu heftig aus ihrem Spiel aus, sind die Jungs natürlich auch »total doof«!

Regeln für Doktorspiele

Für Doktorspiele wiederum sind sowohl die Jungs als auch die Mädchen zu haben. Diese Spiele gehören zur normalen Entwicklung von Kindern und sie werden auch in der Kita gespielt. Meist zwischen dem dritten und vierten Lebensjahr beginnen Kinder gemeinsam ihren Körper zu erforschen. Sie zeigen sich ihre Geschlechtsorgane und untersuchen sich selbst und ihre Freunde. Ab dem vierten Lebensjahr finden Doktorspiele häufig in Form von Arzt- oder Vater-Mutter-Kind-Spielen statt. Dabei kommt es auch vor, dass sich die Kinder Stifte oder andere Dinge in die Scheide oder in den Po stecken – und das kann zu Verletzungen führen. Deshalb und auch aus anderen Gründen ist es wichtig, dass es in der Kita klare Regeln für Doktorspiele gibt:

- Jedes Kind bestimmt selbst, mit wem es Doktorspiele spielen möchte.
- Die Kinder streicheln und untersuchen sich nur so viel, wie es für sie selber und die anderen schön ist.
- Kein Kind tut dem anderen weh.
- Kein Kind steckt sich selbst oder einem anderen Kind irgendetwas in den Po, die Scheide, in den Penis, in die Nase oder ins Ohr.
- Kein älteres Kind (Altersabstand höchstens zwei Jahre), kein Jugendlicher und kein Erwachsener darf mitspielen.
- Hilfe rufen ist kein Petzen.

Keiner mag mich

Manchmal kommt es vor, dass ein Kind in seiner Kindergruppe gerade nicht sonderlich beliebt ist. Vielleicht ärgert es die anderen Kinder zu oft, ist für deren Geschmack zu wild, trifft nicht den richtigen Ton oder es spielt nicht so, wie sich das die anderen vorstellen. Aber auch Dreierkonstellationen können dazu führen, dass ein Kind hin und wieder außen vor steht, während die anderen beiden Spaß haben. Solche Außenseiterpositionen können temporär auftreten und sind nicht gleich groß besorgniserregend. Kinder müssen ihre Erfahrungen in Gruppen machen und selbst erleben, wie sie ihren Platz in der Gemeinschaft finden …

Ist das schon Mobbing?

Wird ein Kind dagegen regelmäßig systematisch von mehreren Kindern ausgegrenzt – also ignoriert, ausgelacht, bedroht, beschuldigt oder sogar geschlagen –, spricht man von Mobbing. Ein Kind ist also kein Mobbing-Opfer, weil es jeden Tag von einem bestimmten Kind drangsaliert wird. Das ist natürlich auch schlimm und das Kind braucht Unterstützung, aber es geht dabei nicht um Mobbing. Auch wenn zwei sich mal gegen einen verbünden, ist das noch kein Mobbing.

Andauernde Ausgrenzung Echtes Mobbing tritt im Grunde erst in der Schule oder im Hort auf. Grundformen des Mobbings können schon im Kindergarten vorkommen, z. B. in Form von sozialer Erpressung (wenn ich nicht die Prinzessin spielen darf, dann bist du nicht mehr meine Freundin). Aber zu einer systematischen, andauernden Ausgrenzung sind Kindergartenkinder meist noch nicht in der Lage. Dass jemand nicht mitspielen darf oder geärgert wird, beschließen die Kinder

in der Regel spontan. Sie planen solche Aktionen nicht und ziehen sie auch nicht über längere Zeit hinweg durch.

Selbstbewusstsein stabilisieren

Erzieher müssen auf jeden Fall immer dann eingreifen, wenn ein Kind stets oder sehr häufig den Kürzeren zieht, wenn es also z. B. so gut wie nie mitbestimmen oder mitspielen darf oder nie jemand neben ihm sitzen oder beim Rausgehen seine Hand halten möchte. Dann müssen die Erzieher gemeinsam mit den Kindern eine Lösung finden. Sie können z. B. zusammen Verhaltensregeln aufstellen, die für alle gelten. Außerdem sollten bei den schwächeren Kindern gezielt Stärken gesucht und gefördert werden, damit sich das Selbstbewusstsein wieder stabilisiert. Hat das Kind Gelegenheit, seine Stärken in der Gruppe zu zeigen und auszuleben (vielleicht kann es sehr gut mit dem Diabolo umgehen, schon etwas schreiben oder besonders gut Roboter malen), wird das auch von den anderen Kindern gesehen und anerkannt.

Energie konstruktiv nutzen Ganz wichtig ist auch, dass Kinder, die öfter von den anderen untergebuttert werden, lernen »Nein« zu sagen. Das ist auch eine Sache, wo Sie als Eltern Ihrem Kind helfen können, indem Sie es immer wieder darin bestärken, sich zur Wehr zu setzen und Nein zu sagen, wenn es sich schlecht behandelt fühlt. Und auch die Kinder, die die Ausgrenzung ganz besonders vorantreiben, müssen Beachtung finden. Und gar nicht mal auf die Art und Weise, dass man sie bestraft, sondern indem man auch ihnen mehr Möglichkeiten bietet, ihre Stärke und Energie konstruktiv einzusetzen.

Wie Eltern helfen können

Es ist kein Wunder, dass es passieren kann, dass ein Kind, das gerade einiges in der Kita durchmacht, morgens keine große Lust hat, in die Kita zu gehen. Auch wenn die Situation erkannt wurde und Erzieher und Eltern gemeinsam an dem Thema dran sind, kann dem Kind zusätzlich eine kleine Auszeit von ein, zwei Tagen guttun. Eine Auszeit, in der es keinem sozialen Stress ausgesetzt ist und viel Aufmerksamkeit von Mama und/oder Papa erhält.

Bauchschmerzen Klagen über Bauch- und Kopfschmerzen sind manchmal auch ein Hinweis darauf, dass etwas in der Kita nicht stimmt. Die Beschwerden müssen auf jeden Fall ernst genommen werden und es schadet nicht, beim Kinderarzt vorbeizuschauen und körperliche Ursachen auszuschließen. Wenn dann doch einiges dafür spricht, dass die Bauchschmerzen von der Gruppensituation herrühren und weniger von einem Infekt oder von Verdauungsproblemen, sollten Sie das umgehend mit den Erziehern besprechen. Dann müssen konkrete Maßnahmen her, um dem Kind dabei zu helfen, die Bauchschmerzen loszuwerden.

Wenn Sie z. B. Ihrem Kind eine Ruhepause zu Hause gönnen (was schon mal eine sinnvolle Maßnahme wäre), sollten Sie gleichzeitig darauf achten, dass es die Bauchschmerzen nicht als ein Mittel entdeckt, welches man gut einsetzen kann, um sich einen kitafreien Tag zu verschaffen. Zu Hause wird Energie getankt, um die Probleme in der Kita zu lösen. Und die Bauchschmerzen lassen sich dann auch in der Kita sehr gut weiterbehandeln: eine Wärmflasche, ein ruhiges Nest, vielleicht kombiniert mit einer gemütlichen Vorlesestunde und einer Extraportion Aufmerksamkeit – solche Kümmer-Maßnahmen helfen ungemein.

Wenn Kinder kitamüde sind

Wobei es auch bei einem Kind, das gerade keine konkreten Probleme in der Kita hat, vorkommen kann, dass es mal kitamüde ist und am liebsten zu Hause bleiben würde. Da geht es den Kindern mit der Kita nicht anders als uns Erwachsenen mit der Arbeit. Wenn Sie es irgendwie ermöglichen können, dann erfüllen Sie Ihrem Kind diesen Wunsch und haben Sie keine Angst, dass das einreißt. Auch wenn sie es nur einmal früher abholen und etwas Schönes gemeinsam unternehmen. Ihre Aufmerksamkeit wird Ihrem Kind so viel Energie und Kraft geben, dass es am nächsten Tag mit großer Wahrscheinlichkeit schon wieder beschwingt in die Kita gehen wird.

Besondere Begabungen, besondere Sorgen

Ein ganz anderer Grund, weshalb Kinder sich manchmal in der Kita auffällig verhalten und immer wieder anecken ist, dass sie ganz besondere Bedürfnisse haben, die in der Kita und vielleicht auch zu Hause nicht befriedigt werden. Das sind Kinder mit Begabungen, die über das gewöhnliche Maß hinausgehen. Sie können eine Sache oder auch mehrere mit großem Abstand besser als die anderen ihrer Altersklasse. Ihre Interessen und Fähigkeiten sind weit überdurchschnittlich. Werden ihre besonderen Bedürfnisse nicht gesehen und bekommen sie nicht die Anregungen und Herausforderungen, die sie brauchen, laufen diese hochbegabten Kinder Gefahr, zu Einzelgängern zu werden oder wegen ihres unangepassten, manchmal auch aggressiven Verhaltens Ausgrenzung zu erfahren.

Hochbegabung hat viele Gesichter und mit Sicherheit sind nicht alle hochbegabten Kinder verhaltensauffällig. Aber meist wird davon ausgegangen, dass besonders begabte Kinder, anders als z. B. entwicklungsverzögerte Kinder, alleine klarkommen und keine besondere Aufmerksamkeit benötigen. Dem ist nicht so.

Trotzdem können sich hochbegabte Kinder auch in einer ganz normalen Kita wohlfühlen – natürlich brauchen sie dann mehr Anreize und mehr Input als die meisten anderen. Dafür müssen Eltern und Erzieher sorgen.

Ich bin jetzt Vorschulkind!

Im letzten Kita-Jahr können es viele Kinder kaum noch abwarten, in die Schule zu kommen. Dabei gibt es in der Kita immer noch jede Menge zu erleben und zu lernen.

Viele Kinder im Vorschulalter interessieren sich für Buchstaben und Zahlen, einige versuchen Worte und Zahlen zu schreiben, andere spielen Schule und tun so, als ob sie schreiben, lesen und rechnen würden. Sie sind jetzt echte Vorschulkinder. Auch wenn es heutzutage in Deutschland kaum noch eine echte Vorschule gibt, so ist die Vorschule bei uns immer noch im Sprachgebrauch und so manches Kita-Kind ist mächtig stolz darauf, dass es sich im letzten Kita-Jahr »Vorschulkind« nennen darf. Wo es früher häufig an die Schulen angegliederte Vorschulen gab, in denen die Kinder gezielt auf die Schule vorbereitet wurden, ist das Fitmachen für die Schule heute nicht mehr auf das letzte, vorschulische Jahr begrenzt. Kinder werden gemäß den Bildungsprogrammen der Länder in ihrer gesamten Kita-Zeit auf die Schule vorbereitet. Insbesondere die sogenannten Schlüsselkompetenzen sollen die Kinder in der Kita-Zeit ausbauen – das schafft man nicht in einem Vorschuljahr.

Wissen ohne Druck erwerben

Trotzdem setzen einige Kitas auf spezielle Vorschul-Elemente im letzten Jahr,

auf den Prozess, z. B.: Wie vervielfältigt man etwas Geschriebenes bzw. etwas Gemaltes, wie passe ich meine Schriftgröße auf den vorhanden Platz an, wie einigt man sich, wer welche Rolle spielt? Da müssen die Erzieher auch mal dem Druck mancher Eltern standhalten, die gerne ein schönes Ergebnis präsentiert bekommen und ein unvollkommenes oder gänzlich ausbleibendes »Produkt« womöglich dem mangelnden Einsatz oder der fehlenden Kompetenz der Erzieher zuschreiben. Doch die meisten Eltern sind ja sowieso völlig genügsam, wenn es um die Werke ihres Kindergartenkindes geht!

Reif für die Schule?

Schaut man sich eine Gruppe von Vorschulkindern an, wird man schnell feststellen, dass die Unterschiede, in dem was die einzelnen Kinder können, sehr groß sind. Die einen können schon lesen und schreiben, die anderen addieren und subtrahieren, wieder andere können bereits schwimmen, Rad schlagen oder zeichnen wie ein zehnjähriges Kind. Und dann gibt es die – und das ist die Mehrheit –, die können vielleicht gerade mal ihren Namen schreiben und

z. B. ein, zwei Stunden gesonderten Vorschul-Unterricht die Woche. Solange keine Arbeitspapiere durchgeackert werden müssen, das Lernen immer noch weitestgehend selbstbestimmt und spielerisch erfolgt und die Kinder viele Möglichkeiten haben, ohne Druck Wissen zu erwerben, vor allem aber ihre Kompetenzen weiterzuentwickeln, ist das auch in Ordnung.

Der Weg ist das Ziel Auch in der »Vorschulzeit« sollte weniger auf das Produkt Wert gelegt werden (z. B. die perfekte Kita-Zeitung, die korrekt ausgefüllten Arbeitsblätter, die wohleinstudierte Theateraufführung) als

Lotta besucht die Schul-AG

Lottas letztes Kita-Jahr hat begonnen. Unfassbar – nächstes Jahr kommt Lotta in die Schule! Sie freut sich wahnsinnig darauf. Und auf die Schul-AG, die jetzt startet!

Alle Kinder in Lottas Kita besuchen im letzten Kita-Jahr vor dem Schul-Start die Schul-AG. Lotta ist schon ganz gespannt, was sie da alles lernen wird. Sie kommt sich schon ein bisschen wie ein echtes Schulkind vor. Ein paar Dinge von der Schul-AG weiß sie ja schon. Alara, ihre ein Jahr ältere Kita-Freundin, die jetzt eingeschult wird, hat letztes Kita-Jahr die Schul-AG besucht und sie hat Lotta immer Spannendes davon berichtet.

Verkehrs-Unterricht für die Großen

Besonders neugierig ist Lotta auf den Verkehrs-»Unterricht« mit der Polizei. An drei Vormittagen werden die Kinder aus der Schul-AG von einem echten Polizisten besucht, der mit ihnen übt, wie man sich im Straßenverkehr sicher bewegt, und der mit ihnen bespricht, wie man sich Fremden gegenüber verhält und wie und wo man Hilfe holt. Aber auch ohne Polizei wird in der Schul-AG immer wieder der Weg zu Schule geübt. Schließlich sollen die Kinder ja bald nach dem Schulstart den Schulweg alleine gehen können. Auch wenn Lotta bei dem Gedanken noch ein wenig mulmig zumute ist, freut sie sich gleichzeitig schon darauf, diesen Weg ganz alleine (vielleicht besser noch gemeinsam mit einer Freundin) zu schaffen. Deshalb übt sie auch schon fleißig mit Mama und Papa, wie man sicher eine Straße überquert. Lotta schaut erst mal selbst, ob der Weg frei ist, und holt sich dann das Okay von Mama bzw. Papa.

Schulkinder besuchen die Kita

Was Lotta auch toll findet ist, dass Alara sie in der Kita besuchen wird! Die Erstklässler kommen einige Wochen nach Schulstart in die Kita und erzählen den Schul-AG Kindern, welche Erfahrungen sie in der ersten Schulzeit gesammelt haben. Sie zeigen ihre Schulhefte und -bücher und präsentieren, was sie schon alles gelernt haben. Ob Alara dann schon lesen, schreiben und rechnen kann? Außerdem werden die Schul-AG-Kinder auch die Schule besuchen gehen, sich die Klassenräume anschauen, mit Lehrern sprechen und sie dürfen sogar bei einer Schulstunde dabei sein und mitmachen!

Wir planen eine Bewegungsbaustelle
Und das ist noch nicht alles! In der Schul-AG macht man außerdem noch ein Projekt mit der Schule. Im letzten Jahr haben die Schul-AG Kinder mit den Erst- und Zweitklässlern auf dem Schulgelände eine Bewegungsbaustelle geplant und gebaut und haben dabei auch ganz viel über Bewegung und den Körper gelernt!

ansonsten eben hervorragend spielen. All das ist normal und weder ein Zeichen für Hoch- oder Minderbegabung. Die einen sind eben Frühentwickler, die anderen lassen sich Zeit. Und natürlich spielt auch manchmal eine Rolle, wie stark ein Kind zu Hause gefördert wird. Aber woran erkennt man bei all den Unterschieden, ob ein Kind reif ist für die Schule?

Die sozio-emotionale Reife zählt Ganz grob kann man sagen – die soziale und emotionale Reife eines Kindes ist für seinen erfolgreichen Schuleinstieg wesentlich wichtiger als ausgeprägte kognitive Fähigkeiten. Ein Schulkind muss seine Meinung und seine Gefühle äußern können. Und es muss auch mal Frustrationen aushalten, ohne dass es gleich aufgefangen und von Eltern oder liebevollen Erziehern getröstet wird. Außerdem muss es in der Lage sein, sich in der Gruppe zurückzunehmen.

Die Schulfähigkeit

Schulfähigkeit bedeutet nichts anderes, als dass ein Kind sowohl bereit als auch in der Lage ist dem Schulunterricht zu folgen und den Schulstoff zu erlernen. Das Einschulungsalter in Deutschland liegt zwischen fünf und sieben Jahren. In der Regel wird ein Kind, das bis zu einem bestimmten Stichtag im Jahr das sechste Lebensjahr vollendet, eingeschult. Je nach Bundesland kann dieser Stichtag zwischen dem 30. Juni (z. B. Hessen) und dem 31. Dezember (Berlin) liegen. Neben dem Alter gibt es dann noch verschiedene andere Voraussetzungen, die ein Kind erfüllen muss, um als schulfähig eingestuft zu werden:

- motorische Voraussetzungen (feinmotorische und grobmotorische Geschicklichkeit, Gleichgewichtskoordination, Raumwahrnehmung etc.)
- sprachliche Voraussetzungen (sprechen und verstehen können, lautliche Merkmale der Sprache erkennen und begreifen etc.)
- soziale und emotionale Voraussetzungen (Fähigkeit, Kontakte zu knüpfen und Beziehungen aufzubauen, Bereitschaft zur Anstrengung, Neugier, Lust auf Schule etc.)
- kognitive Voraussetzungen (optische und akustische Differenzierungsfähigkeit, die Fähigkeit, wesentliche Details in ihrer Beziehung zum Ganzen zu erkennen und sie nachzuahmen etc.)

Schlüsselkompetenzen

Kompetenzen ermöglichen uns, das Gelernte auch auf andere Situationen, Aufgaben und Probleme zu übertragen – sie machen uns handlungsfähig und damit selbstständig. Sie sind unsere wertvollsten Instrumente, um in der Schule oder überhaupt im Leben zurechtzukommen. Die Schlüsselkompetenzen, auch Kern- oder Basiskompetenzen genannt, werden in folgende vier Kategorien unterteilt:

• Selbstkompetenzen: Körperbewusstsein, Autonomie, Frustrationstoleranz
• kognitive Kompetenzen: Wahrnehmung, Denkfähigkeit und Gedächtnis
• soziale Kompetenzen: Kommunikationsbereitschaft, Kooperationsfähigkeit, Einfühlungsvermögen, Rücksichtnahme
• Lernkompetenzen: Neugierde, Fähigkeit, Wissen zu beschaffen, sich anzueignen und einzusetzen, um auftretende Probleme zu lösen

Schuleingangsuntersuchung

Ob ein Kind diese Voraussetzungen erfüllt, wird in der Regel durch den Schularzt in der obligatorischen Schuleingangsuntersuchung ca. ein halbes Jahr vor Schulstart geprüft. Das ist natürlich recht knapp, wenn tatsächlich ein Defizit festgestellt wird – viel Zeit zur Förderung bleibt da nicht. Daher ist es sinnvoll, wenn Sie sich schon frühzeitig mit den Erziehern zum Thema Schule austauschen. Die Erzieher haben oft einen guten Blick dafür, in welchem Bereich ein Kind noch ein wenig mehr Aufmerksamkeit gebrauchen könnte. In den meisten Bundesländern sind die Kitas außerdem dazu verpflichtet, eine Sprachstandserhebung mit jedem Kind zwischen vier und fünf Jahren durchzuführen. Jedes Bundesland hat da seine eigenen Tests und Verfahren, die hier Anwendung finden. Ziel ist aber immer, mögliche Entwicklungsverzögerungen in der Sprache rechtzeitig auszumachen, damit noch ausreichend Zeit zum Aufholen zur Verfügung steht. Zum Schulstart muss ein Kind in jedem Fall gut sprechen und verstehen können.

Früher oder später einschulen?

Vielleicht ist Ihr Kind kurz nach dem Stichtag geboren und damit ein sogenanntes Kann-Kind. Das bedeutet, Sie könnten Ihr Kind auf Antrag vorzeitig einschulen lassen – natürlich nur dann, wenn ihm die Schulfähigkeit bescheinigt wird. Allerdings sollten Sie sich genau überlegen, ob die vorzeitige Einschulung für Ihr Kind wirklich Sinn macht oder ob es nicht doch besser wäre, ihm noch ein Jahr in der Kita zu gönnen. Fast ein Drittel der vorzeitig eingeschulten Kinder wiederholen im Laufe ihrer Schullaufbahn eine Klasse. Bei den »normal« eingeschulten Kindern sind es mit nur knapp einem Fünftel wesentlich weniger.

Kann-Kinder Nicht wenige Kann-Kinder beeindrucken mit ihren kognitiven und sprachlichen Fähigkeiten. Sie können schon die Buchstaben und lösen Rechenaufgaben. Als Eltern ist man da stolz und denkt sich, dass das Kind gut in der Schule mithalten könnte. Aber wie steht es um die sozialen Kompetenzen? In der Regel sind die eher altersentsprechend ausgeprägt und das bedeutet, dass sie noch nicht ausreichend entwickelt sind, um in der Schule ohne Weiteres bestehen zu können.

Ganz wichtig ist auch, dass ein angehendes Schulkind ausgesprochen neugierig ist und regelrecht darauf brennt, in die Schule gehen zu dürfen. Reagiert ein Kann-Kind sehr zurückhaltend, wenn es um das Thema Schule geht, sollte es wahrscheinlich doch lieber noch ein Jahr in der Kita spielen und dabei lernen. Sind Sie aber der Meinung, dass Ihr Kind tatsächlich auf allen Ebenen reif für die Schule ist und sich in der Kita im letzten Jahr nur noch langweilen wird, dann sollten Sie das auf jeden Fall mit den Erziehern in der Kita und gegebenenfalls auch mit einem Beratungslehrer an der Schule besprechen.

Rückstellung um ein Jahr

Was ist aber, wenn Sie das Gefühl haben, dass Ihr Kind noch nicht das Rüstzeug für die Schule mitbringt und Sie auch nicht glauben, dass es dies bis zum Schulanfang erwerben kann? Wird Ihr Kind zum Stichtag sechs Jahre alt, muss es eigentlich wegen der Schulpflicht zum vorgesehenen Zeitpunkt zur Schule.

Kinder müssen zum Schulstart nicht vollständig schulfähig sein, d.h. sie müssen nicht sämtliche Voraussetzungen für die Schulfähigkeit mitbringen, um eingeschult zu werden. Im ersten Schulhalbjahr haben die Kinder noch Zeit aufzuholen und das tun sie in der Regel auch. In begründeten Fällen ist es jedoch möglich, ein Kind um ein Jahr zurückzustellen, d. h. seinen Schulstart um ein Jahr nach hinten zu verschieben. Vor allem wenn ein Kind zur geplanten Einschulung noch sehr jung ist (z. B. weil es im Dezember Geburtstag hat und daher in Berlin mit gut fünfeinhalb Jahren eingeschult werden würde), lohnt es sich, über eine Rückstellung nachzudenken. Und ganz besonders dann, wenn sich Ihr Kind in mehreren Bereichen mit seiner Entwicklung Zeit lässt.

Ein guter Schulstart ist sehr bedeutend für die gesamte Schulkarriere und da ist es wesentlich angenehmer, ein Jahr in der Kita weiter zu spielen und dabei heranzureifen als immer hinterherzuhinken. Wobei das Heranreifen sinnvollerweise durch geeignete Fördermaßnahmen unterstützt werden sollte – in der Kita, zu Hause und gegebenenfalls in entsprechenden Therapien. Manchmal gibt es auch Förder- oder Vorschulklassen, in denen Kinder mit Förderbedarf, in dem Jahr vor der Einschulung für die Schule fit gemacht werden.

Kinder auf die Rückstellung vorbereiten

Wichtig ist, dass Sie Ihr Kind rechtzeitig auf seine Zurückstellung vorbereiten. Es bekommt ja meist mit, dass es eigentlich mit den anderen seiner Altersklasse eingeschult werden müsste. Es wird dann zum ältesten Kind in der Gruppe, fühlt sich vielleicht zurückgesetzt und allein gelassen – vor allem wenn die Freunde dann in die Schule gehen. Reden Sie ganz offen mit Ihrem Kind und erzählen Sie ihm, dass Kinder unterschiedlich alt sind, wenn sie in die Schule kommen. Das ist ganz normal und außerdem ist es auch etwas Besonderes, wenn man noch ein Jahr weiter in der Kita sein darf, nicht früh aufstehen muss und weiterhin den ganzen Tag spielen kann.

Für eine Rückstellung braucht man in der Regel ein entsprechendes Gutachten von der Kita und der zuständige Amtsarzt muss die Rückstellung, z. B. wegen einer Entwicklungsverzögerung des Kindes, gutheißen. Sind Eltern und Amtsarzt allerdings nicht einer Meinung, was die Rückstellung angeht, wird oft der schulpsychologische Dienst hinzugezogen. Am Ende entscheidet die Schulaufsicht über den Antrag.

Lotta sagt der Kita Tschüss

Nur noch drei Wochen Kita – dann ist Schluss. Lotta freut sich nach wie vor auf die Schule, aber jetzt ist sie doch auch ein wenig traurig, weil sie ihrer Kita Tschüss sagen muss.

Zum Glück werden die nächsten drei Wochen nicht langweilig werden: Es stehen jede Menge tolle Ereignisse bevor. Lotta arbeitet schon seit ein paar Wochen gemeinsam mit ihrer Schul-AG an einem Abschiedsgeschenk, das sie an der Abschiedsfeier ihrer Kindergartengruppe überreichen werden. Es wird eine riesige Fotocollage mit Kita-Bildern der letzten drei Jahre, für die sie sogar auch den Rahmen selbst gebaut haben. Damit werden sie diese Woche fertig werden.

Abschiedsfeier

Dann gibt es die Abschiedsfeier, an der alle Schul-Starter verabschiedet werden. Auf die freut sich Lotta sehr – alle Kinder aus der Gruppe haben sich gemeinsam Gedanken gemacht, wie die Feier aussehen soll. Alle waren sich einig, dass es zur Feier viel Süßes und viele Spiele geben soll!

Übernachten in der Kita Aber es sind zwei Dinge, die in den nächsten drei Wochen stattfinden, die Lotta fast gar nicht mehr abwarten kann. Zum einen werden die Schul-Starter mit einem besonderen Ausflug überrascht. Letztes Jahr war die Überraschung ein Besuch im Planetarium. Welche Überraschung sich die Erzieherinnen wohl dieses Jahr ausgedacht haben? Und die zweite wirklich aufregende Sache ist die Kita-Übernachtung! Und die ist schon am Freitag! Alle Strolche machen mit, aber die Vorschul-Kinder dürfen auf der Hochebene übernachten! Das bedeutet, dieses Jahr ist Lotta endlich dran!

Ausflug in den Hochseilgarten

Die Übernachtung war ein Riesenerfolg. Lotta hatte mit den anderen Kindern auf der Hochebene großen Spaß – noch lange nach dem Schlafengehen haben sie mit ihren Taschenlampen herumgespielt und Quatsch gemacht. Und am nächsten Morgen gab es ein gemeinsames Frühstück mit den Eltern. Und erst die Überraschung für die Schul-Starter – es

ging in einen Hochseilgarten! Auch die Abschiedsfeier fand Lotta sehr schön – zum Schluss wurde sie von Elsa und Jo gedrückt und sie haben ihr gesagt, dass sie die Strolche jederzeit besuchen kommen kann. Das wird sie ganz bestimmt tun!

Jetzt ist Lotta urlaubsreif Aber jetzt ist Lotta wirklich urlaubsreif – so viele Erlebnisse! Und in vier Wochen geht die Schule los! Lotta fährt mit Mama erst einmal zu Oma und nächste Woche reisen sie dann gemeinsam mit Papa zum Zelten nach Amrum! Wie aufregend!

Abschied von der Kita

Die Eingewöhnung in die Kita ist meist schwieriger als die »Ausgewöhnung«. Die meisten Kinder freuen sich auf den neuen Lebensabschnitt »Schule« und fühlen sich bereit, diesen Übergang zu meistern. Trotzdem sollte der Abschied von der Kita gebührend zelebriert werden und nicht einfach sang- und klanglos vorübergehen. Schließlich haben die Kinder oft mehrere Jahre in der Kita zugebracht und sind enge Beziehungen zu ihren Erziehern und den Kindern eingegangen. Aber auch die Eltern müssen sich von der Kita verabschieden: Auch sie sind jahrelang ein- und ausgegangen, haben gute und vielleicht auch schwierige Zeiten gemeinsam mit den Kindern und den Erziehern durchlebt. Die Kita-Zeit ist jetzt vorbei und wird nun durch das viel strukturiertere und leistungsbezogenere Schulsystem abgelöst. In vielen Kitas gibt es eine Art Abschiedsritual, dass die Kinder ja dann meist schon von Verabschiedungen der vorangegangenen Jahre kennen. Oft gibt es eine kleine Abschiedsfeier für die zukünftigen Schulkinder und ein kleines Abschiedsgeschenk. All das wird Ihrem Kind den Abschied von der Kita erleichtern. Nach einigen Wochen spannendem Schulalltag tritt dann häufig doch das altbekannte Phänomen ein: aus den Augen, aus dem Sinn!

Stichwortverzeichnis

Liebe Leserin, lieber Leser,

hat Ihnen dieses Buch weitergeholfen? Für Anregungen, Kritik, aber auch für Lob sind wir offen. So können wir in Zukunft noch besser auf Ihre Wünsche eingehen. Schreiben Sie uns, denn Ihre Meinung zählt!

Ihr TRIAS Verlag

E-Mail Leserservice
kundenservice@trias-verlag.de

Lektorat TRIAS Verlag
Postfach 30 05 04
70445 Stuttgart
Fax: 0711 89 31-748

**Bibliografische Information
der Deutschen Nationalbibliothek**
Die Deutsche Nationalbibliothek verzeichnet
diese Publikation in der Deutschen Nationalbib-
liografie; detaillierte bibliografische Daten sind
im Internet über http://dnb.d-nb.de abrufbar.

Programmplanung: Simone Claß
Redaktion: Anja Fleischhauer

Umschlaggestaltung und Layout:
CYCLUS Visuelle Kommunikation, Stuttgart

Bildnachweis:
Umschlagillustration: Daniela Sonntag, Stuttgart
Zeichnungen im Innenteil: Daniela Sonntag,
Stuttgart

1. Auflage 2015

© 2015 TRIAS Verlag in MVS
Medizinverlage Stuttgart GmbH & Co. KG
Oswald-Hesse-Straße 50, 70469 Stuttgart

Printed in Germany

Satz und Repro: Fotosatz Buck, Kumhausen
Gesetzt in: Adobe InDesign CS6
Druck: AZ Druck und Datentechnik GmbH,
Kempten

Gedruckt auf chlorfrei gebleichtem Papier

ISBN 978-3-8304-6980-3

Auch erhältlich als E-Book:
eISBN (PDF)   978-3-8304-6981-0
eISBN (ePub) 978-3-8304-6982-7

1 2 3 4 5 6

Besuchen Sie uns auf facebook!
**www.facebook.com/
mama.mag.trias**

Kinder verstehen ...

… UND LIEBEVOLL ERZIEHEN

Ob Stress im Kindergarten, in der Schule oder einfach
Langeweile – von Kindern wird oft zu früh eine große
Selbständigkeit verlangt. Hier finden Sie hilfreiche Tipps,
wie Sie die gesunde Entwicklung Ihres Kindes fördern.

Ingeborg Saval
Starke Kinder
€ 17,99 [D] / € 18,50 [A] / CHF 25,20
ISBN 978-3-8304-6951-3
Alle Titel auch als E-Book

Wissen, was gut tut. TRIAS

Glückliche Kinder

‣ ENTSPANNTE ELTERN

Kitas, Kinderkrippen oder Tagesmütter schaffen Abhilfe für Eltern und Spaß für die Kleinen. Nur, wie findet man den passenden Betreuungsplatz – Montessori, Waldkindergarten, Waldorf oder die Kita um die Ecke?
Der unterhaltsame Leitfaden begleitet Sie bei diesem großen Schritt.

Aylin Lenbet
Kita, Krippe, Tagesmutter
€ 17,99 [D] / € 18,50 [A] / CHF 25,20
ISBN 978-3-8304-6948-3

Titel auch als E-Book